unctum 025

Urs Mannhart
Lentille
Aus dem Leben einer Kuh

Mit Fotografien von
Monika Soland, Gina Folly
und Urs Mannhart

Matthes & Seitz Berlin

1

Kaum habe ich den winzigen Bahnhof hinter mir gelassen, kaum den kleinen Laden und die Kirche passierend die sanfte Anhöhe erreicht, auf der die letzten Häuser des Dorfes versammelt stehen, wo der Blick sich öffnet auf die weit sich hinziehenden Wälder, auf die Weiden und den Bauernhof, auf dem ich seit einigen Wochen aushelfe – kaum habe ich die sanfte Anhöhe erreicht, vernehme ich das durchdringende Muhen einer Kuh.

Während weniger Augenblicke bleibt alles still. Ein Wind schiebt zögerlich ein zahmes Wolkengefüge über einen Nadelwald, fern ist das Brummen eines Lastwagens zu vernehmen, dann ertönt abermals vom Hof her dieser brachial dunkle, dieser alarmierend landschaftsfüllende Schrei.

Dreihundert Meter trennen mich vom Hof; eilends lasse ich die adrett umfriedeten Einfamilienhäuser hinter mir und biege bald ein auf die zum Hof führende Allee der Bergahornbäume.

Habe ich eben von *Muhen* gesprochen? Eine beschämende Verlegenheitsvokabel. Denn von jener in diesem Zweisilber steckenden Lieblichkeit ist nichts zu hören.

Als ich den Hof erreiche, die zweiteilige Holztür öffne und den Stall betrete, liegt Lentille heftig atmend, schwitzend, mit wild verrenktem Hals im Stroh, den Kopf schräg über dem Futtertrog. Bei ihr, ebenfalls schwer atmend, stehen Michaël und eine Tierärztin. Nah bei der Kuh stehen die beiden und mitten in einer tonnenschweren Ratlosigkeit. Gerade jetzt tun sie nichts, aber das muss eine Pause sein: Der rechte Arm der Tierärztin steckt von den Fingerspitzen bis zur Schulter in einem transparenten, schleimverschmiert glänzenden Handschuh, Michaëls Kleidung ist gezeichnet von Schleim und Blut, an Knie und Ellenbogen kleben Strohhalme. Ich grüße knapp, eher mit einem Nicken. Mit einem Nicken werde auch ich begrüßt; für Worte ist's der falsche Moment.

Lentille reckt ihren Hals und legt sich hinein in das nächste Brüllen. Jetzt, da ich direkt vor ihr stehe, ist dieser voluminöse, aus dem Innersten der Kuh ins Freie drängende Schrei ein Ereignis, das mich mit groben Händen packt, mich an die Wand drückt, mir das Schlucken erschwert, und jedes neue Mal, wenn sie wieder brüllt, setzt kurz mein Denken aus.

Als ich mich vor vier Tagen fürs Wochenende verabschiedete, hatte Michaël erwähnt, er werde Lentille abends in die separate Box führen, damit sie in Ruhe ihr erstes Kalb zur Welt bringen könne.

Kalb ist keines da. Von Ruhe nichts übrig. Dicke

Schleimfäden, vermischt mit Blut, hängen an Lentilles angeschwollener Vulva. Die anderen Kühe, ein paar Schritte nur entfernt, sind zwar still, und die Schafe vis-à-vis fressen emsig, die Stimmung aber ist angespannt, die Tierärztin legt ihre Stirn in Falten.

Michaël verständigt sich mit ihr, dann knien sich die beiden hinter Lentille ins Stroh. Die feingliedrige, muskulöse Ärztin schiebt nun ihre behandschuhte Hand hinein in die Kuh. Lentille verdreht die Augen, brüllt. Die Tierärztin fährt fort, drückt ihren Unterarm in das Tier, bis der Ellenbogen versinkt; mit aller Kraft und doch so sorgfältig wie nur irgend möglich schiebt sie sich hinein in diesen Kuhkörper.

Michaël bestätigt, was ich vermutet habe: Das Ungeborene ist ungünstig positioniert. Vor einer Stunde hat er selber hineingegriffen und nur den Kopf des Kalbes, nicht aber dessen Beine ertastet. So wird es den Muttermund nicht passieren können.

Die Tierärztin holt ihren Arm heraus, blickt stumm ins Leere, schüttelt entkräftet den Kopf. Es könne, erklärt sie, durchaus gelingen, aber Lentille müsse aufstehen. Michaël nickt und scheint in ihrem Gesicht nach Anzeichen von Zuversicht zu suchen. Besorgt blickt er anschließend auf diesen vor ihm liegenden Körper, der danach ausschaut, als werde auch Lentille ihn nie mehr auf die Beine bekommen.

Lentille – gesprochen [lãtij], Französisch für *Linse* –

ist keine massige Kuh. Im Gegenteil: Sie ist keine drei Jahre alt, schmalhüftig, es ist ihre erste Geburt. Aber knapp fünfhundert Kilogramm bringt sie gewiss auf die Waage.

Michaël arbeitet wie immer mit einer bewundernswerten Geduld; er massiert Lentille den angespannten Nacken, er spricht mit ihr. Schließlich gibt er ihr gestikulierend zu verstehen, sie solle sich erheben.

Ein schwerer Seufzer und ein schweres Liegenbleiben sind ihre Antworten.

Das kann dauern, das wird dauern.

Weil meine Anwesenheit nichts hilft, überlege ich, hinter welche Arbeiten ich mich machen könnte. Denn nicht zum Kaffeetrinken bin ich auf den Hof gekommen, sondern um mich nützlich zu machen. Holz könnte ich spalten; Käse schmieren; den Schafen Heu bringen; Zaunmaterial reparieren; den Hühnerstall ausmisten; Stroh vorbereiten; die für die Molke benötigten Kannen spülen; die jüngsten Käse ins Salzbad legen – auf einem Hof lauert Arbeit hinter jeder Ecke –, aber ich habe nicht den Kopf dazu, die Lage Lentilles wühlt mich auf.

Ich bin überzeugt, irgendwann wird sich Lentille erheben. Michaël hat einen guten Draht zu seinen Kühen. Er wird sich ihr mitteilen können. Und irgendwann wird es der Tierärztin hoffentlich trotz allem gelingen, einen Strick so ins Innere der Kuh zu führen, dass sie einen Knoten damit binden kann, der die beiden vorderen Klauen umfasst. Das kann dauern, das wird dauern – zu lange vielleicht. Je länger es sich hinzieht, desto schlechter stehen die Chancen für das Kalb.

Ich weiß nicht, was ich arbeiten soll. Ich kann nicht arbeiten. Vor allem kann ich Lentille nicht helfen. Obwohl sie so brüllt. Solange sie brüllt, werde ich nichts arbeiten können. Ihrem Brüllen zuhören zu müssen, ohne helfen zu können, das ist bereits Arbeit. Mehr, als mir zuzumuten ist. Lentille brüllt; ich habe die Ohren voll, die Hände leer. Ich nehme meinen Blick weg, verlasse den Stall, nehme all die Arbeit des Zuhörenmüssens und Nichthelfenkönnens mit, schließe die Stalltür hinter mir und gehe in die Küche, wo es menschenleer ist, und halbwegs still.

2

Drei Zwiebeln liegen im Korb; ich beginne sie zu schälen. Auch am Küchentisch sitzend kann ich noch gut Lentilles Brüllen hören. Das Messer geht durch die Zwiebel, mein Warten und Hoffen geht durch die Wand, hinüber in den Stall.

Sammeln möchte ich mich, hier ankommen. Ich mag diese Küche, mag ihre kumpelhafte, ihre vollkommen ungeschminkte Art, aber heute finde ich sie auch schwierig, sie liegt zu nah am Stall.

Es ist dies keine Küche wie andere Küchen. Michaëls Küche ist eine Bauernhofküche; hier liegt, das gehört zum guten Ton, immer etwas Stroh am Boden. Wer *Bauernhofküche* sagt, muss klären, was *Bauernhof* heißt. Höfe, auf denen Milchkühe leben, zeigen sich heute – auch, aber nicht ausschließlich aufgrund geografischer Voraussetzungen – in beachtlicher Vielfalt.

In Deutschland, wo derzeit circa 3,9 Millionen Milchkühe gehalten werden, leben zwei Drittel dieser Kühe in Herden von mehr als hundert Tieren. Landesweit liegt der Schnitt bei siebzig Tieren pro Herde, wobei Mecklenburg-Vorpommern mit durchschnittlich 245 Milchkühen je Betrieb die Liste anführt.

Das Statistische Bundesamt in Wiesbaden zählt Jahr für Jahr mehr Betriebe, die mehr als fünfhundert Kühe melken, und es wird niemanden erstaunen, dass die sich um diese Tiere kümmernden Menschen nicht mehr *Landwirt* genannt werden, sondern *Herdenmanager.* Von einem landwirtschaftlichen Betrieb, der in den Niederlanden 2 250 Milchkühe hält, findet sich im Netz ein Videoporträt. Die Betriebsleiterin und der Betriebsleiter zeigen dort ihren Hof; kolossale Traktoren holen Berge von Gras, Mais und Getreide von den Feldern, kolossale Maschinen vermischen Berge von gehäckseltem Futter, fahren quer über asphaltierte Areale und hinein in hangargroße Hallen, um das Futter vor den Köpfen der dort hinter Gittern lebenden Tiere zu verteilen. Wieder andere Traktoren holen, mit anderen haushohen Anhängern am Zugmaul, tonnenweise Gülle aus unterirdischen Anlagen und führen sie auf die Felder.

Der Betriebsleiter kommt ins Bild, er zeigt sein stolzes Unternehmergesicht, und mit diesem Gesicht erklärt er nun, er wolle den Hof gern vergrößern, derzeit aber wirke das Phosphatgesetz als starke Bremse. Dann sind erneut Traktoren zu sehen; alle Arbeiten erledigen sich zügig, im Rhythmus der Motoren, alles ist durchdacht, eine Choreografie bulliger, aber doch auch geschmeidiger Maschinen wird zelebriert, und die Kühe, große Tiere eigentlich, wirken klein und verloren in den überdachten Landschaften aus Stahl, Holz und Beton.

Der heimliche Kern dieses Betriebs ist ein Tempel uniformierter Gleichmut: In einer eindrücklich hohen Rundhalle steht ein sich gemächlich drehendes Melkkarussell. Achtzig Kühe finden gleichzeitig auf ihm Platz. Rund sechshundert Kühe pro Stunde können dank dieser Einrichtung von nur drei Menschen gemolken werden. Eine Person reinigt rasch das Euter, zwei Personen bringen die Zitzenbecher an. Bei sechshundert Kühen pro Stunde muss alle sechs Sekunden eine Kuh an die Maschine; da zwei Personen zuständig sind, bleiben beiden Zitzenbechermonteuren jeweils zwölf Sekunden, um eine Kuh an die Maschine anzuschließen. So dreht sich unaufhörlich das Karussell, und nach knapp vier Stunden ist die gesamte Herde – wie lässt es sich sagen: geleert?

Der Warteraum vor dem Melkkarussell bietet Platz für fünfhundert Kühe; automatisch sich öffnende, drucksensible Tore verhindern sowohl ein zu großes Gedränge wie auch zu große Abstände; kein Platz soll leer bleiben auf dem Karussell.

Manchmal schaue ich mir solche Videos an, damit ich nicht vergesse, wie der Hase hoppelt. Nicht vergesse, was anderswo gemeint ist, wenn jemand *Bauernhof* sagt.

Auf dem Video ist viel zu sehen vom Hof, von seinen Einrichtungen, aber nirgends ist eine Küche zu entdecken. Kühe und Küchen liegen weit voneinander entfernt, die Menschen leben nicht mit Kühen unter einem Dach, teilen keine körperliche Nähe. Die Herdenmanager tappen nicht nachts um drei Uhr im Schlafanzug in den Stall, weil ein Poltern von nebenan sie geweckt hat. Sie stehen nie in Schlupfschuhen und mit schlafverklebten Augen einer Kuh gegenüber, die sich, statt auf ihrem Platz zu liegen, im leerstehenden Ziegenstall hinter das dort lagernde Heu macht und sich nun, da jemand unerwartet den Stall betritt, ertappt zeigt wie eine Schülerin, die auf dem Pausenhof mit einer Zigarette erwischt wird. Diese Menschen leben nicht in einer Wohngemeinschaft mit Kühen, sie hören beim Einschlafen nicht, ob es auch im Stall drüben schön ruhig geworden ist – und Stroh liegt schon deshalb keines in ihren Küchen, weil Kühe auf Betrieben dieser Art nicht auf Stroh liegen dürfen.

Oft vergesse ich solche Videos bald wieder. Dieses jedoch ist mir geblieben. Vielleicht weil sich mir die Zahlen eingeprägt haben: Dort melken sie zu dritt in einer Stunde sechshundert Kühe. Hier, in Michaëls Stall, melken wir zu zweit in einer knappen Stunde sechs Kühe. Gut, das hat auch mit meinem Tempo zu tun; ich bin erst seit ein paar Wochen auf dem Hof. Wir melken nicht auf einem Karussell, sondern auf einem Schemel und von Hand. Wir nehmen Blickkontakt mit der Kuh auf, wir nennen ihren Namen, sprechen kurz mit ihr, wir reinigen und massieren das Euter, befühlen das Gewebe, lehnen unsere Stirn hinein ins warme Kuhfell, und wenn zu fühlen ist, dass sich die Kuh entspannt hat, dass sie die Milch herabgegeben hat vom Euter hinunter in die Zitzen, beginnen wir mit jener althergebrachten Abfolge von Fingerbewegungen, mit denen sich die Milch in den Eimer holen lässt. Auf Michaëls Hof hilft auch das zugehörige Kalb beim Melken; die beiden linken Zitzen sind für das Kuhkind reserviert, die beiden rechten Zitzen für den Menschen. So übt es Michaël mit seinen Tieren, so sind sie es gewohnt. Das verlangt Zeit, Kraft, Geduld, auch Einfühlungsvermögen – ein Kalb ist nicht a priori damit einverstanden, nur von zwei Zitzen trinken zu dürfen. Wie auch eine Kuh nicht a priori einverstanden ist, ihre Milch nicht vollumfänglich ihrem Kind zukommen zu lassen. Aber es ist eine unverschämt schöne Arbeit, gerahmt von drei ohrenschmeichelnden Geräuschen: vom unbeschreiblich sanften Lärm einer Heu fressenden Kuh, vom Schmatzen und Schlucken eines bei seiner Mutter trinkenden Kalbes und vom rhythmischen Zischen eines jeden frischen Milchstrahls, wenn er aufprallt auf dem glänzenden Chromstahl des Eimers.

Abgesehen von den Zahlen hat sich mir der kurze Film aber auch eingeprägt, weil in den Kommentarspalten jemand schrieb – vielleicht ein Landwirt, vielleicht auch nicht –, es sei schön zu sehen, dass es den Kühen auch auf einem Hof mit derart vielen Tieren gutgehe.

Das hat mich frappiert. Nicht, weil mir schien, es gehe den Kühen dort besonders schlecht. Mich frappierte, wie sich jemand aufgrund eines kurzen, vor allem Traktoren, Maschinen und metallene Gitter zeigenden Videos eine Meinung bilden konnte darüber, wie es den Tieren auf diesem Hof geht.

Abermals vernehme ich durch zwei Mauern hindurch Lentilles Brüllen. Falls der Versuch mit dem Strick nicht klappt, wird womöglich ein Kaiserschnitt nötig sein. Ein Eingriff, der für eine Kuh rasch lebensbedrohlich werden kann.

Zwiebeln schäle ich, nochmals Zwiebeln. Gläser spüle ich, Tassen und Töpfe, kümmere mich um das Feuer. Besteck lege ich in die Schublade, Spaghetti lege ich bereit. Lentille brüllt; ich bin unkonzentriert und gehe hinüber in den Stall.

3

Hinter einer heftig atmenden, ihre Augen verdrehenden Lentille knien Michaël und die Tierärztin im Stroh und zerren an einem Strick. Zwei, drei Zentimeter der nass glänzenden Klauen sind jetzt zu sehen, das Auf-die-Welt-Kommen ist greifbar nah. Aber kaum lassen Michaël und die Tierärztin in ihren Bemühungen ein wenig nach, verschwinden die zärtlich anmutenden, porzellanfarbenen Klauenspitzen wieder in Lentilles Körper, und abgesehen von einer physisch sich an ihren Grenzen bewegenden Kuh und zwei der Verzweiflung nahen Menschen bleibt nicht viel übrig.

Die Fortschritte sind offenbar auch deswegen derart bescheiden, weil Lentille unterdessen zu erschöpft ist, um selber mit jener Kraft zu pressen, die nun vonnöten wäre; seit der Ankunft der Tierärztin sind mehr als zwei Stunden vergangen.

Ich fühle mich hilflos, gehe zurück in die Küche, hocke mich an den Tisch und schneide Zwiebelstücke klein, die schon klein sind.

Vor einer Woche hat mir Michaël abermals die Vorzüge seiner Kühe gepriesen, hat betont, wie wenig Kummer er mit ihnen habe, ganz generell, aber auch, weil die Kälber offenbar meist schon auf der Welt und auf den Beinen sind, ehe er dazu kommt, sich zu fragen, ob die sich ans Kalben schickende Kuh vielleicht Hilfe nötig habe.

Etwas länger als eine Schwangerschaft beim Menschen dauert die Trächtigkeit einer Kuh, ungefähr zweihundertachtzig Tage. Der Brunstzyklus wiederholt sich alle einundzwanzig Tage und wird vom Stier, wenn es denn in der Herde einen gibt, täglich penibel kontrolliert, indem er intensiv an der Vulva und am Urin riecht.

Was die Geburten angeht, so wird in der Nutztierhaltung von leichtgeburtigen Rassen gesprochen: Das Rätische Grauvieh, zu denen Lentille gehört, zählt hier sicherlich dazu. In landwirtschaftlicher Literatur wird gesagt, es seien *anspruchslose, robuste* Tiere. Gewiss sind sie kleiner und leichter als andere Kühe. Im Berggebiet, wo sie auch in steilem Gelände kaum nennenswerte Trittschäden verursachen, sind sie beliebt. Über den Körperbau des Rätischen Grauviehs heißt es im Jargon, er sei *kleinrahmig*. Das mag lieblos klingen – landwirtschaftliches Fachvokabular ist stark renovierungsbedürftig –, aber jetzt, da Lentille schmerzverzerrt in der Stallecke liegt, scheint es nicht abwegig, ihren Körper als einen Rahmen wahrzunehmen. Auch wenn sich das Rätische Grauvieh sicher nicht als Hochleistungskuh im herkömmlichen Sinn bezeichnen lässt, so ist, was diese Kühe aus Gras und Heu in Fleisch und Milch zu verwandeln fähig sind, höchst beeindruckend. Und auf diesem Hof im schweizerischen Juragebirge, gelegen auf etwas mehr als tausend Meter über einem weit entfernten Meer, sind die Winter lang und die Sommer oft trocken. Eine Kuh, wie sie in Mecklenburg-Vorpommern anzutreffen ist, wäre hier wohl kaum über die Runden zu bringen.

Wer mit Kühen zu schaffen hat, wird zustimmen: Am schönsten ist es, wenn eine Kuh sommers kalben kann, draußen auf der Weide. Am schönsten ist es, abends noch zu beobachten, wie sich die hochträchtige Kuh von der Herde separiert, wie sie als einziges Tier dreißig, vierzig oder fünfzig Meter Abstand hält zum Rest der Herde, um ihre Ruhe, ihr Alleinsein zu haben. Und am schönsten ist es, am Morgen danach die Kühe auf der Weide holen zu gehen und ein Tier weniger zu zählen als üblich.

Ein Tier weniger zählen als üblich – das ist präzise das, was Landwirtende nicht wollen. Aber wenn sie abends zuvor eine hochträchtige, sich separierende Kuh beobachtet haben, ist es ein hoffnungsvolles Zeichen. Meist zeigt sich dann auf den zweiten Blick jene allein am Waldrand stehende Kuh, die sich nicht rührt, die nicht das geringste Interesse zeigt, in den Stall zu kommen, auch wenn dort das beste Heu, das beste Emd auf sie warten. Meist liegt oder steht dann ein frischgeborenes Kalb neben der Kuh, und da das Kalb noch auf wackeligen Beinen balanciert, ist auch die Kuh nicht in den Stall zu bewegen.

Sich Zeit lassen. Das Licht auf den Halmen, das Licht in den Bäumen anschauen. Zu der Kuh hingehen, langsamen Schrittes, sich kurz vergewissern: Das Kalb ist gesund. Ist kräftig genug aufzustehen, hat Instinkt genug, zu trinken. In solchen Momenten liegt ein starkes Leuchten in den Augen der Mutterkuh; sie lässt das Kleine kaum je aus den Augen, sie dampft vor Stolz. Und die Innigkeit, mit der sie das Frischgeborene leckt und pflegt und in aller Zärtlichkeit berührt, erzählt von einem Glück, wie es ausschließlich Mütter kennen.

Dieses Glück des problemlosen Gebärens: Es ist Lentille nicht vergönnt. Und ehe ich die Spaghetti ins Wasser gebe, gehe ich wieder hinüber in den Stall.

Gerade zieht Michaël ein klatschnasses, wunderschönes Kalb so zu Lentille hin, dass sie es beschnuppern und lecken kann. Sie stupst es sanft mit ihrem Flotzmaul, sie stupst es sorgsam mit ihren Hörnern, stupst es nochmals und nochmals und leckt und leckt das feine nasse, grauweiße Fell, die Ohren und die Augen. Aber egal, wie innig sich Lentille auch bemüht, es findet kein Leben in diesen kleinen Kuhkörper, das Kalb bleibt tot. Die Zeitspanne zwischen dem Platzen der Fruchtblase und dem Moment, da der Kopf des Kalbes den Muttermund passierte, war zu groß.

Wortlos ins Stroh blickend rollt die Tierärztin den langen, besudelten Handschuh vom Arm. Michaël, auf den Knien, seine Kleidung voller Blut und Schleim, hält seine Hand auf Lentilles Rücken, spricht tröstende Worte aus. Wie ich hat er eine Träne auf der Wange. Ich gehe zu ihm hin und lege ihm eine Hand auf die Schulter.

So bleiben wir eine Weile beisammen, Michaël, Lentille und ich. Dann bringen wir ihr Wasser und Heu, lassen sie allein.

Gebückt über die verkochten Spaghetti sitzen wir am Küchentisch. Wir sind hungrig und doch ohne Appetit; unser Besteck klingt laut.

Zurück im Stall, finden wir Lentille unverändert im Stroh liegen. Sie hat nichts getrunken, kein Heu gefressen. Sie scheint nicht willens oder nicht fähig, aufzustehen.

Für diesen Fall hat die Tierärztin ein Medikament zurückgelassen. Es soll die Kuh vor starker Dehydration schützen.

Wir gehen zu Lentille hin, versuchen abermals, sie zum Aufstehen zu bewegen. Vergeblich. Sie hat nichts dagegen, dass wir ihr Maul öffnen. Zwischen ihre riesige Zunge und ihre Lippen kippen wir die Flüssigkeit.

Lentille hinterlässt einen komplett geschwächten, einen depressiven Eindruck.

Als sie sich nach zwei Stunden endlich erhebt und

ein bisschen trinkt, sind Michaël und ich ungemein erleichtert. Wir öffnen die Stalltür, machen den Weg frei zur Weide, wir hoffen, das Zusammensein mit den anderen werde ihr guttun.

Langsam geht Lentille aus dem Stall und über den Laufhof. Sie trottet, schwankt wie ein Schiff. So langsam geht sie, wie ich noch nie eine Kuh habe gehen sehen, die den Anschluss an ihre Herde wiederherstellen kann. Als sie endlich die Weide betritt, kommen sogleich zwei Kühe auf sie zu und riechen an ihrer Vulva. Es sind jene beiden Kühe, die vor wenigen Wochen ein Kalb zur Welt gebracht haben.

4

Michaël setzt Kaffee auf; wir hocken am Küchentisch, hocken vor den liegen gebliebenen Zwiebelschalen und reden über die Frage, wie Lentille mit diesem Erlebnis umgehen wird. Auch Michaël hat den Eindruck, sie sei vollkommen deprimiert.

Dann reden wir nichts mehr; zischend kriecht der Kaffee hoch ins Pfännchen.

Noch eine Weile sitzen wir gedankenversunken hinter unserem Kaffee, dann lässt Michaël einen Seufzer hören, erhebt sich, geht in den Stall, hebt das tote Kalb hoch und schleppt es auf den Miststock.

Es ist ein sonniger Tag, ein niederschmetternd schöner Tag ist es, ein Tag mit einem deprimierend blauen, jetzt beinahe wolkenlosen Himmel.

Mit der Mistgabel gräbt Michaël eine Mulde, legt das Kalb hinein in diese dampfend warme Schicht des Misthaufens, deckt das zarte Tier mit Stroh und Mist zu, bedeckt Beine, Rumpf und Gesicht, bedeckt die leeren Augen und übergibt alles den Mikroorganismen, die es restlos zersetzen werden.

Die täglichen Arbeiten stehen an. Der Stall muss ausgemistet werden, die Schafe verlangen nach Heu, in der Käserei wollen die Formen gewaschen und die reifenden Käselaibe geschmiert werden. Nach einer derartigen Geburt arbeiten zu müssen, ist bitter. Nach einer derartigen Geburt arbeiten zu können, ist tröstlich.

Der Tag vergeht, ein neuer rutscht ihm hinterher, anders und doch gleich; das Erlebte bleibt haften.

Ich schaue Lentille jetzt eingehender, aufmerksamer an. Ergründen möchte ich, wie sie sich fühlt.

Sie frisst, sie trinkt, aber nicht besonders viel. Macht sie einen niedergeschlagenen Eindruck? Ich kann lediglich vage Belege dafür finden, meist verhält sie sich unauffällig, und in der Mimik eines Kuhgesichts lässt sich als Mensch schrecklich wenig deuten.

Lentille bekundet Mühe, die Plazenta abzustoßen. Blutiger Schleim hängt ihr an der Vulva, aber der Mutterkuchen, der sich herauslösen sollte, erscheint nicht. Ihr Körper reagiert mit einem kräftigen Fieber; um eine Infektion zu verhindern, sehen wir uns drei Tage nach dem schwierigen Geburtsvorgang gezwungen, ihr ein Antibiotikum zu verabreichen. Auch wenn das unserer Philosophie widerspricht. Hat sie die Plazenta nicht gut abgestoßen, weil sie ihr Kalb verloren hat?

Zweimal täglich hockt sich Michaël zu Lentille hin, um sie zu melken. Gemessen am Umstand, dass sie zum allerersten Mal gemolken wird, verhält sie sich überaus kooperativ. Sie schlägt nicht mit dem Schwanz, wirft den Milchkessel nicht um. Allerdings sind ihre Zitzen derart dünn und kurz, dass es äußerst aufwendig ist, sie von Hand zu melken – einfacher wäre es, auf die Hilfe eines Kalbes zählen zu können. Lentille würde die Milch besser fließen lassen, und das Kalb würde die Hälfte der Arbeit übernehmen.

Die Milch, die Lentille nun liefert, können wir vorerst nicht zu Käse verarbeiten; sie ist gelblich verfärbt, reich an Fett und Immunoglobulinen. Die waren für ihr Kalb gedacht, für dessen Immunsystem; Kuhmütter befähigen auf diesem Weg ihre Kinder, rasch mit lokalen Krankheitserregern umzugehen. Während sieben Tagen produziert Lentille diese kolostrale Milch, aber weil Milch von antibiotisch behandelten Kühen einer Sperrfrist unterliegt, müssen wir Lentilles Milch ohnehin während zehn Tagen entsorgen.

Lentilles Fieber senkt sich, sie frisst und trinkt normal.

Trauert sie? Ist sie melancholisiert?

Vielleicht zeigt sie es, aber ich kann sie nicht lesen.

5

Ein Tag gibt dem nächsten die Hand, der Oktober taucht ab, ein milder November tritt auf, und früh werden die Tage überrollt von der Dämmerung. Kurz vor Mittag gondelt Lentille mit den anderen auf die Weide, sucht nach den allerletzten Gräsern, kehrt abends zurück in den Stall und lässt sich bereitwillig melken.

In Kreisen und Zyklen bewegt sich das Leben auf dem Hof; Außergewöhnliches taucht auf und sinkt ein im Meer des Gewöhnlichen. Noch fällt kein Schnee, der Winter zeigt sich geduldig dieses Jahr, aber die Sonne verliert merklich an Kraft, die Temperaturen sinken und das Gras zeigt kein nennenswertes Wachstum mehr: Die Weidesaison ist zu Ende.

Eines frühen Nachmittags bindet Michaël die Kühe los, wie immer in diesen Tagen, nachdem die Tiere lange gefressen und sich etwas ins Stroh gelegt haben; er öffnet die Stalltür und bindet die Tiere los, während ich draußen auf sie warte. Das tue ich sonst nicht. Aber heute stehe ich mitten im Durchgang, der zur Weide führt, stehe zwischen den Holzpfählen, zwischen denen die Kühe in den vergangenen Wochen durcheilten, um auf die Weide zu gelangen – jetzt ist der Durchgang mit zwei Litzen geschlossen, und mit ausgebreiteten Armen stehe ich vor der Absperrung, um zu verhindern, dass ein Tier in die Litze rennt.

Susi, Ambre, Galia, Amina – die ersten Kühe treten flinken Schrittes aus dem Stall, realisieren alsbald, dass ihnen der Weg zur Weide versperrt bleibt. Es dauert nicht lange und ich bin umzingelt von einer muhend protestierenden Herde. Enttäuschung und Unmut sind groß. Das ist verständlich: Statt stundenlang die weitläufige Weide genießen und nach Belieben Gras fressen zu können, sind sie heute gezwungen, auf dem vollkommen graslosen Vorplatz zu stehen, bis es frühabends bloß wieder Heu geben wird.

Ich stelle mir vor: Gerne würden die Kühe jetzt Schilder in die Höhe strecken, Schilder mit politischen Slogans: »Freier Zugang zur Weide!« Oder: »Frisches Gras ist ein Grundkuhrecht!« Auch Lentille ist Teil der Demonstrierenden; in ihrer Empörung macht sie mir einen erfreulich vitalen Eindruck.

Dieses graslose Herumstehen auf dem Vorplatz – die älteren Kühe ahnen es schon – wird zu ihrer neuen Routine werden. Zu einer täglichen Gewohnheit, die sich bis in den April oder in den Mai hinziehen wird, schlicht so lange, wie die Schneedecke liegen bleiben und die Gräser von ihrem Business mit der Fotosynthese abhalten wird. So lange werden die Kühe Geduld zeigen müssen; so lange müssen die Heuvorräte halten.

Als der Protest nach zehn Minuten doch zu einem Ende findet und etwas Ruhe einkehrt, bin ich erleichtert. Tags darauf protestieren nur noch wenige, und am dritten Tag scheint die Erwartung, auf eine Weide gehen zu können, mehrheitlich verblasst.

Offen bleibt die Frage, ob die Tiere das Ende der Weidesaison auch deswegen akzeptieren, weil sie mitbekommen haben, dass Michaël in den Sommermonaten große Mengen an Heu von guter Qualität auf den Heustock hat bringen können.

Es mag fahrlässig anthropomorphisierend sein, derart viel Fantasie an den Tag und in die Kuh zu legen. Aber wer mit Kühen zu tun hat, weiß um ihr erstaunliches Talent, genau zu beobachten.

Gleichzeitig mit den Kühen lassen wir nun jeweils mittags auch die jungen Kälber aus dem Stall und hinaus auf den Laufhof. Das verwandelt den Platz seiner Graslosigkeit zum Trotz in einen eminent wichtigen Ort; hier kommen die Kuhmütter mit ihren Kindern zusammen, die Kleinen können bei ihrer Mutter trinken, können sich Körperpflege und soziale Zugehörigkeit abholen.

Im Moment, da ich eine Kuh losbinde, zeigt sich oft auch etwas von ihrem Charakter: Das Prozedere dieses an sich banalen und doch wieder und wieder schönste Unterschiede zeigenden Kühelosbindens beginnt – weil Architektur und Platzordnung es vorgeben – mit Susi.

Susi ist groß und kräftig, steht auf breiten Beinen, und sie ist die wohl wachsamste Kuh der Herde, ihr Blick ist stets voller wohlwollender Fragen. Dass sie sich beim Losbinden ruhig verhält, scheint doppelt begründet: Erstens handelt es sich bei Susi grundsätzlich um eine bedächtige, sich ruhig bewegende Kuh. Und zweitens ist Susi aufgrund des allgemeinen Bedürfnisses einer Kuh, niemals von der Herde isoliert zu werden, auch daran interessiert, erst einmal abzuwarten, ob ich die anderen Kühe auch losbinde.

Ambre hingegen, die an zweiter Stelle stehende Kuh, zeigt sich bisweilen ungeduldig: Manchmal will sie bereits loslaufen, da ich erst das Halsband, aber noch nicht den Schnappverschluss berühre, also eine Sekunde zu früh. Ambre ist, verglichen jedenfalls mit Susi, eine außergewöhnlich zarte, schlanke Kuh. Was sie auszeichnet, ist eine bei Kühen sonst selten zu beobachtende Eleganz. Michaël ist der Meinung, sie trage eine geradezu aristokratische Anmutung mit sich, als habe sie im Grunde nichts zu tun mit den banalen Angelegenheiten des Grasfressens und Wiederkäuens. In der Herde verhält sie sich eher solitär bis meditativ, bisweilen, besonders wenn ein Zaun kaputt ist, zeigt sie auch große Qualitäten als flinke, zu Pioniertaten aufgelegte Läuferin.

Galia, an dritter Position, ist die Leitkuh. Die Herdenchefin. Sie trägt ein grün-gelbes Halsband, das mich an Reggae denken lässt, was jedoch aufgrund ihrer stolzen, Respekt fordernden und seriösen Art eher ironisch wirkt. Sie ist, was das Körperliche anbelangt, ähnlich eindrücklich wie Susi. Während Susi aber still und introvertiert beobachtet, zeigt Galia eine auch stark nach außen orientierte Präsenz. Außerdem trägt sie die kräftigsten und längsten Hörner. Obwohl er ihr Gesicht für anmutig hält, lobt Michaël Galia nicht unbedingt für ihre Schönheit, aber für ihre Vernunft, ihre Ruhe und ihre Umsicht. Eine solche Kuh als Leitkuh zu haben, sei ein großes Glück. Sie halte die Herde auch bei großer Unruhe souverän beisammen. Beim Losbinden kann sie unruhig sein; kaum ist sie frei, bewegt sie sich aber mit jener Ruhe, wie allein wahre Chefinnen sie sich leisten können.

Neben Galia steht, in einem verblüffend silbern glänzenden Fell, die schöne kleine Amina. Ihre Schönheit hat etwas Blendendes. Erst ihre Eigenheit, stets im Zentrum der Aufmerksamkeit stehen zu wollen und auch wegen Kleinigkeiten schrecklich eifersüchtig zu reagieren, ließ mich nachvollziehen, weswegen Michaël eine ambivalente Beziehung zu ihr hat. »Sie ist die Schönste, und sie weiß es auch«, sagt er. Geht es um die Fellpflege, zeigt sich Amina als außergewöhnlich zärtlichkeitsliebend. Offenbar hat Amina einst versucht, sich als Leitkuh zu bewerben, was schließlich auch Susis Ambitionen auf diesen Rang befeuert hat. Michaël ist froh, dass Galia die Sache in ruppigen, über mehrere Tage hin immer wieder aufflackernden Kämpfen für sich entschieden hat. »Amina als Leitkuh, das wäre eine Katastrophe.« Bemerkenswert ist, dass sogar die sonst so zurückhaltende Ambre sich an diesen Kämpfen beteiligt und Susis Ansprüche gegenüber Amina verteidigt hat. Trete ich auf Amina zu, um sie loszubinden, wirkt sie jedes Mal von Neuem beleidigt, dass ich sie nicht als Erste losgebunden habe.

Orée, auf dem nächsten Platz, ist im Körperbau ähnlich fein und distinguiert wie Ambre. Mit aristokratischem Flair hat sie jedoch nichts am Hut. Im Gegenteil; sie schafft es wie keine andere im Stall, ihre Hinterschenkel stets in den eigenen Kot zu legen. Keine andere ist so schwierig sauber zu halten. Abgesehen davon ist sie umgänglich und zurückhaltend, noch nie habe ich sie einen Zwist anzetteln sehen. Ja, man kann sie geradezu pazifistisch nennen.

Neben Orée befindet sich der Platz von Lentille. Ihre Proportionen sind ausgewogen, ihre Haltung wirkt athletisch. Sie hat dunkles Fell, vor allem im Gesicht, wo sie beinahe schwarz ist, abgesehen von den hübschen, hellgrauen Stirnfransen, und sie bewegt sich normalerweise mit einer anmutigen Leichtfüßigkeit. Die überraschend langen, beinahe blonden Haare, die aus und an ihren Ohren wachsen, setzen dieser Anmut eine ironische Note auf.

Beim Losbinden zeigt sich auch ihr noch jugendliches Alter; sie rudert nicht nur mit dem Kopf, sondern dreht ihren Hintern mal hierhin, mal dahin, möchte am liebsten in alle Richtungen gleichzeitig loslegen; sie ist noch voll von jener Bewegungsfreude, die bei älteren Kühen nachlässt.

Seit ein paar Wochen ist der Platz links neben Lentille nicht mehr leer, sondern belegt von dem eindrücklichen, zwei Jahre alten, noch nicht komplett ausgewachsenen, aber komplett gut bemuskelten Eol. Er sieht aus, als hätte er zu viele Eiweißshakes getrunken, dabei hat er abgesehen von ein paar Karotten immer nur Gras und Heu gefressen. Wenn er direkt vor mir steht, mich in seinen Blick nimmt und beim Ausatmen geräuschvoll zwei kräftige Luftströme aus seinen Nüstern presst, spüre ich, egal, wie ruhig Eol auch sein mag, in mir einen tief in meinen Hirnhälften verankerten Instinkt zur Flucht. Ich hoffe, ich werde in den kommenden Wochen und Monaten sein Vertrauen gewinnen können. Wenn ich ihn losbinde, verhält er sich aber angenehm.

Ganz hinten im Stall schließlich, hinter Eol, befindet sich der Platz von Pampelune. Benannt nach der nordspanischen Stadt Pamplona, fällt sie durch ihren breiten, bulligen Kopf auf, den sie gern außergewöhnlich tief trägt. Das verleiht ihr ein misslauniges, bisweilen angriffslustiges Aussehen. Was Pampelune beim

Losbinden im Stall vor allem auszeichnet, ist grenzenlose Ungeduld. Die verschärft sich, wenn Églantine, ihr Kalb, kaum öffne ich die Stalltür, einer schönen Neugier folgend aus dem Stall hüpft, während Pampelune noch zu warten hat. Pampelune rudert dann mit dem Kopf, als stehe sie unter Strom, als müsse sie eine Galeere antreiben, und je mehr sie rudert, je mehr sie mir ihr rechtes Horn ein jedes Mal fast in den Bauch rammt, desto schwieriger wird es für mich, mit der weit ausgestreckten Hand über ihren Hals und ihre Stirn hinweg jenen Schnappverschluss zu erreichen, der ihr Halsband mit der Kette verbindet. Ist der Verschluss endlich gelöst, jagt Pampelune los wie eine Dampflok. Und falls Eol im Stallgang steht und trödelt – er schnuppert gern noch ein bisschen an den Halsbändern, die gleich beim Eingang hängen –, schiebt ihn Pampelune, als wäre er ein Stück Pappe, mit einem heftigen Hornstoß zur Seite.

Dann stehen sie alle draußen an der frischen Luft, und alle Kleinen trinken bei ihrer Mutter: Galia steht da mit ihrer trinkenden Alchémie; die trächtige Susi und die trächtige Ambre stehen da, ihren Nachwuchs noch im Bauch; Amina steht da mit ihrem trinkenden Silex; Orée steht da mit ihrem trinkenden Page; Pampelune steht da mit ihrer trinkenden Églantine. Bloß drei Tiere stehen ganz allein: Der junge Stier Jade (der Sohn von Ambre), der fast ausgewachsene Stier Eol (der Sohn von Susi) ... und Lentille.

Umringt also von Müttern, die ihren Nachwuchs versorgen können, steht Lentille im Laufhof mit ihrem dunklen Gesicht, ihren schönen Augen, ihrem witzigen, übertrieben langen Ohrenhaar, und blickt in die Ferne.

Deprimiert es sie, Tag für Tag das Mutterglück der anderen mitansehen zu müssen? Oder hat sie ihr totes Kalb bereits vergessen?

Mit der Spitze ihres linken Horns kratzt sie sich am Rücken, ganz oben, direkt über der Wirbelsäule. Als ich bis auf zwei Schritte in ihrer Nähe bin, unterbricht sie ihre Fellpflege und entfernt sich einen Meter. Ich halte inne. Ich weiß, sie kennt mich kaum. Dass sie mich nicht nah herankommen lässt, ist nicht außergewöhnlich.

Es dauert nicht lange, und sie kratzt sich erneut mit dem linken Horn an dieser schwer zugänglichen Stelle. Gemächlich nähere ich mich. Sie unterbricht ihre Bewegung, dreht den Kopf zu mir. Ich strecke beide Hände aus und kraule sie genau an jener Stelle, von der ich annehme, sie habe sie mit der Hornspitze berühren wollen, aber just nicht erreicht. Sie bleibt stehen und lässt sich von mir massieren. Ich unterbreche mein Kraulen. Lentille schaut mich an, wirft schwungvoll den Kopf nach hinten und versucht erneut, mit der Hornspitze die offenbar juckende Stelle zu erreichen. Kaum massiere ich sie fünf Zentimeter hinter der

Hornspitze, nimmt sie den Kopf wieder nach vorne. Auf ihrem Fell, auf dem ganzen Rücken kann ich spüren, wie sie sich entspannt.

Ich nehme an, ihr Vertrauen gewonnen zu haben.

Bald dreht sie sich um, stellt sich frontal vor mich hin und hebt den Kopf. Hebt ihn an, zeigt mir ihren im Vergleich zum Kopf überraschend hellgrauen Hals, sodass ich mich eingeladen fühle, sie dort zu kraulen. Ich denke, das ist die Körperhaltung, die das Freundschaftliche am besten zum Ausdruck bringt; in dieser Haltung sind die Hörner einer Kuh am weitesten von jener Position entfernt, die sie im Kampf einnehmen. Mit jedem Mal, da meine Fingernägel von tief unten bis zu ihrem Kinn hochfahren, scheint ihr Hals noch länger zu werden. Und ich genieße, dass sie mir vertraut.

6

Die kleinstädtische Altbauwohnung liegt ein paar Steinwürfe entfernt vom Hof; ein altersschwacher Heizkörper gurgelt, ein kühler Wind zieht durch mäßig dichte Fensterrahmen, als Schreibtisch dient mir eine alte Holztür, die ich auf dem staubigen Estrich gefunden und auf zwei Böcke gelegt habe.

Es erinnert in der Wohnung nichts an einen Bauernhof; hier lässt sich gut über Kühe nachdenken. Mit Büchern decke ich mich ein, in Lektüren vergrabe ich mich, und während ich lese, spazieren wie winzige Herbstblätter eines unabsehbar mächtigen Baums dicke weiße Flocken durch die Straßen, flanieren zwischen den Häuserzeilen, biegen charmant um sämtliche Ecken, und ehe ihnen der Spaß zu viel und das Herumstreunen zu langweilig wird, legen sie sich nieder. Als zwei Tage später alles mit einer soliden Schneedecke belegt ist, folgen Stürme. Auch sie bringen Schnee, aber peitschend; waagerecht jagt die Flockenflotte vorbei, als sei der Himmel um neunzig Grad gekippt; unzählige Krähen mühen sich ab in diesem Strom, heftig rudern die pechschwarzen Vögel vor meinem Fenster an gegen das weiße Flockenmeer. Dann legt sich der Wind, der Himmel leert sich, und die Kleinstadt glänzt auf in einem dicken weißen Winterfell.

Auf dem Hof gibt es auch in diesen Tagen und Wochen Arbeit genug, aber der Verkauf der Hofprodukte wirft nur bescheidene Beträge ab; Michaël kann mich lediglich zwei kurze Tage die Woche beschäftigen. Gedanken an Lentille treiben mich um; ich beginne, diesen Essay zu schreiben. Lese über Tierethik und Tierpsychologie, suche nach Studien, nach Beiträgen im Radio.

Ein Schweizer Tierarzt, zuständig für Tierschutz beim entsprechenden Bundesamt, wird in einem Interview gefragt, wie es den Nutztieren in der Schweiz gehe. Es gehe ihnen »gut bis sehr gut«, sagt er, das Schweizer Tierschutzgesetz sei streng.

Er sagt nicht: Wir können die Tiere leider nicht fragen, wie es ihnen geht, und deswegen können wir es auch nicht wissen.

Kurz denke ich, die Frage, die der Journalist seinem Interviewpartner gestellt hat, sei eine Falle. Aber der Journalist scheint mit der erhaltenen Antwort zufrieden, so wie auch der Tierarzt zufrieden scheint. Es bleibt unerwähnt, dass soeben eine Frage im Raum gestanden hat, die schwierig zu beantworten ist, die sich streng genommen wohl überhaupt nicht beantworten lässt.

Vielleicht mag der Mensch jene Fragen nicht, deren Beantwortung sich ihm entzieht, weswegen er sich in der Folge daran gewöhnt, mit der Sache bloß oberflächlich umzugehen: Der Tierarzt zeigt sich stolz, dass es in der Schweiz gute Gesetze gibt, und er folgert daraus, dass es den Tieren in seinem Land gut geht, manchen offenbar sogar sehr gut.

Menschen, die zum Thema Tierwohl forschen, orientieren sich zum Glück nicht an Tierschutzgesetzen; sie wollen die Antwort von den Tieren hören, auch wenn diese nicht sprechen. *Animal Welfare Science* heißt die wachsende, sich etablierende Disziplin, die mir in vielerlei Texten begegnet. Und eines Tages stoße ich recherchierend auf einen Artikel mit dem Titel »Animal Personality – Persönlichkeit bei Nutztieren«. Das klingt nach einer nahen, individuellen Betrachtungsweise, das klingt, als würden auch psychologische Vorgänge im Tier herangezogen werden, um sein Verhalten, sein Dasein, seine Bedürfnisse und seine Würde zu verstehen. Ob damit ein Schlüssel gefunden ist, um zu eruieren, wie sich Lentille fühlt?

7

Der Artikel erwähnt, die zeitgenössische Forschung interessiere sich mehr und mehr für *animal personality,* zahlreiche Studien seien Fragen der Tierpersönlichkeit gewidmet, und in der Ethologie, Agrarwissenschaft, Veterinärmedizin, Tierethik wie auch im Tierrecht werde zu klären versucht, was unter Persönlichkeit bei Tieren zu verstehen sei, wie sie zuverlässig erfasst werden könne und welche Konsequenzen daraus ethisch, landwirtschaftlich und rechtlich zu ziehen seien.

Das klingt vielversprechend. Menschen, die nahe mit Tieren arbeiten, nehmen meiner Erfahrung nach ihre Tiere immer als Persönlichkeiten wahr, egal, ob es sich um Hunde, Esel, Kühe oder Ratten handelt, die jemand in der Kapuze seines Pullis mit sich trägt. Sollte es der Wissenschaft gelingen, dieses intuitive Verständnis aus der naiv-romantischen Ecke zu holen, in der sie ihr Dasein fristet, und sie mit überzeugenden Argumenten populär und medial bekannt zu machen – würde sich in der Folge nicht auch unser Umgang mit Tieren verbessern? Würden vielleicht auch Michaël und ich auf diesem Hof etwas verändern müssen, um den Bedürfnissen dieser Persönlichkeiten gerecht zu werden? Dass es sich um einen mehr als hundert Jahre alten Stall handelt, in dem die Kühe der Platzverhältnisse wegen angebunden sein müssen, ist in Sachen Tierwohl ein schmerzhafter Makel. Zwar lässt sich argumentieren, die Kühe verbrächten nur winters viel Zeit im Stall – aber vielleicht brauchen *Persönlichkeiten* noch ganz andere Dinge, die, wer sie *Vieh* nennt, gar nicht bedenkt? In einem Freilaufstall benötigen Kühe deutlich mehr Platz, insbesondere, wenn sie wie auf diesem Hof ihre Hörner tragen dürfen, und die Kosten für einen Umbau werden in der Regel auf zehn- bis zwölftausend Schweizer Franken geschätzt – pro Kuh. Viele Betriebe möchten schon längst zur Freilaufhaltung wechseln, können das jedoch nicht finanzieren.

Was aber verstehen Forschende unter Tierpersönlichkeit?

Grundsätzlich wird der Begriff *Persönlichkeit* bei Tieren nicht anders verwendet als beim Menschen; nämlich als Bezeichnung für ein relativ stabiles Ensemble mentaler, für das Verhalten eines Individuums entscheidender Eigenschaften. In der Humanpsychologie werden diese Eigenschaften meist im Rahmen der sogenannten *Big Five* erfasst, in einem Persönlichkeitsmodell, das Veranlagungen in fünf Kategorien einteilt: Offenheit für Erfahrungen, Gewissenhaftigkeit, Geselligkeit, Empathie und emotionale Stabilität.

Um die Persönlichkeit eines Menschen zu bestimmen, ist meist nichts weiter zu tun, als ihn zu bitten, einen entsprechenden Fragebogen auszufüllen.

Bei Tieren werden Verhaltensmerkmale ähnlich kategorisiert. Da sie keine Fragebogen ausfüllen können, wird experimentell versucht, individuelle Verhaltensneigungen zu dokumentieren. Beispielsweise wird eine Kuh allein auf ein leeres Feld geleitet, auf dem sich ein ihr unbekanntes Objekt befindet. Dabei wird gemessen, wie lange die Kuh benötigt, bis sie sich dem Objekt genähert hat, wie sie es berührt und welchen Körperausdruck sie dabei zeigt. Das Verhalten der Kuh in ihrem gesamten Ausdruck während des Experiments zu interpretieren und mit ein paar Adjektiven zu beschreiben, das gehört unbedingt zur Beurteilung dazu, damit unterschieden werden kann, ob sich eine Kuh dem neuen Objekt nicht nähert, weil es sie nicht interessiert – oder aber weil sie sich vor ihm fürchtet.

In anderen Experimenten werden Schafe auf eine Fläche geschickt, die sie noch nie betreten haben; es wird untersucht, wie sie reagieren, wenn ein fremder Mensch sich ihnen nähert; es werden die Reaktionen von Pferden verglichen, die überraschend mit Wasser besprüht werden; es wird untersucht, welche Pferde sich an einem Bein berühren lassen, ohne unruhig zu werden; es wird gemessen, wie lange es dauert, bis ein Schwein es wagt, seinen Stall durch ein zuvor stets verschlossenes Tor zu verlassen, und es wird gemessen, wie lange es dauert, bis eine Kuh wieder frisst, nachdem sie von einem künstlich erzeugten Luftstoß überrascht worden ist.

In mehr oder weniger aufwendigen, mehr oder weniger aussagekräftigen Experimenten werden Persönlichkeitsmerkmale zu erfassen versucht, die sich einem tierlichen Individuum zuschreiben lassen. Man teilt sie meist in fünf oder sechs Kategorien ein: Emotionalität und Ängstlichkeit; Mut und Entdeckungsfreude; Geselligkeit; Aggressivität; Aktivität; Dominanz und Durchsetzungsfähigkeit.

Egal ob Schimpansen, Raben, Mäuse, Kühe oder Fische: Quer durch fast alle Arten hindurch zeigen Tiere in derartigen Versuchen individuelle und situationsübergreifend konstante Unterschiede. Es ist also heute wissenschaftlich geklärt, dass jedes Säugetier, jeder Vogel, jeder Fisch, jedes Reptil, jede Amphibie und von gewissen Arten sogar jedes Insekt eine Persönlichkeit aufweist.

Wie diese Persönlichkeit genau gemessen und beschrieben werden soll, scheint noch nicht besonders gefestigt, und die verwendeten Begriffe sind etwas wolkig. *Personality, temperament* und *coping style* würden mehr oder weniger synonym verwendet, schreibt Marie-Antonine Finkemeier, Mitarbeiterin am Leibniz-Institut für Nutztierbiologie. Zusammen mit anderen hat sie die Studie *Personality Research in Mammalian Farm Animals* veröffentlicht. Darin erwähnt sie auch, dass in Studien über Nutztiere der Begriff *personality* eher vermieden werde – was sie sich damit erklärt, dass es für die Menschen einfacher sei, ein Tier zu essen, das zwar einen *coping style,* aber keine Persönlichkeit aufweise.

Andere Forschende äußern Unbehagen bezüglich der geschilderten Kategorien, weil sie kritisch anmerken, diese Einordnung übersehe womöglich wesentliche Eigenschaften; immerhin unterscheiden sich tierliche Wahrnehmungen zum Teil beachtlich von denen von Menschen – man denke an Fledermäuse –, und Merkmale, die in der menschlichen Wahrnehmung in Sachen Persönlichkeit wichtig seien, seien für Tiere vielleicht unerheblich, und umgekehrt.

In dieser menschlichen Wahrnehmung ist Nützlichkeit eine wichtige Sache; und also zieht der Mensch seinen Nutzen daraus, dass Tiere eine Persönlichkeit haben. Es zeigt sich nämlich, dass Persönlichkeit auch bei Tieren eine vergleichsweise hohe Heritabilität aufweist, dass also mutige Kühe eher mutige Kälber zur Welt bringen und ängstliche Kühe eher ängstliche Kälber. Freilich ist es prägend, welche Erfahrungen ein Individuum sammelt, in welcher Umgebung, in welchen sozialen Gruppen es aufwächst und wie es vom Menschen behandelt wird. Aber genetisch ist eine Disposition zu bestimmten Persönlichkeitsmerkmalen schon angelegt.

Matthias Gauly, Professor für Nutztierwissenschaften an der Freien Universität Bozen, hat sich eingehend mit der Frage beschäftigt, wie das Wissen um Persönlichkeit in der agronomischen Praxis genutzt werden kann. Da es schwierig ist, in der landwirtschaftlichen Tierhaltung nicht nur Aufwand, sondern auch Geld zu generieren, werden die Kuhherden größer und größer – das tierbetreuende Personal hingegen vergrößert sich nicht, weswegen viele landwirtschaftlich genutzte Tiere nur noch selten in direktem Kontakt zu Menschen stehen. Insbesondere in der sogenannten Fleischrinderzucht führt das zu Schwierigkeiten. Rinder, die es gewohnt sind, in Ruhe gelassen zu werden, lassen sich nur mit erheblichem Aufwand einfangen, geschweige denn fixieren. Solche Tiere erleiden in diesen Situationen erheblichen Stress und setzen sowohl sich selber wie auch die Menschen einer erhöhten Verletzungsgefahr aus. Das führe insgesamt, schreibt Gauly in seinem Artikel »Temperamentbestimmungen bei Rindern unter praktischen Bedingungen«, zu einem verminderten ökonomischen Erfolg.

In der Konsequenz wird in der Rinderzucht abgesehen von körperlichen Merkmalen mehr und mehr darauf geachtet, angenehme, ruhige und stresstolerante Tiere zu züchten. Dazu sind keine besonders aufwendigen Tests nötig; im Grunde reicht es aus, zu beobachten, wie leicht sich ein Tier einfangen lässt und wie es sich verhält, wenn es eingefangen, fixiert oder isoliert wird.

Abgesehen vom Handling mit ausgewachsenen Rindern ist in solchen Herden auch das Temperament der Kuhmütter ein bedeutendes Kriterium, denn auch diese Tiere sind es gewohnt, in Ruhe gelassen zu werden – wenn sich das ändert, kann es ungemütlich werden. Neugeborene Kälber werden meist in den ersten Tagen gewogen und mit einer Ohrmarke versehen; auch bei fortgeschrittener Digitalisierung erfordert das noch immer einen körpernahen, intensiven Kontakt mit Menschen. Nicht alle Kuhmütter reagieren entspannt, wenn sich Menschen an ihrem Kalb zu schaffen machen. Forschende haben deswegen einen sogenannten Mütterlichkeitstest entwickelt, mit dem sich das Temperament der Mütter bewerten lässt. Die Skala geht von eins bis fünf, eine Eins bedeutet: Die Kuhmutter bleibt ruhig und toleriert die Manipulation an ihrem Kalb. Eine Fünf bedeutet: Die Kuh ist höchst echauffiert und greift an. Wissenschaftlich unterfüttert werden diese Beobachtungen mit Daten von sogenannten Biomarkern: Im Speichel der Mutter werden der Gehalt von Cortisol und Oxytocin gemessen, der Puls der Kuh wird notiert und vom Auge wird ein Wärmebild erstellt. Muttertiere, die viel Beschützerinstinkt zeigen und wehrhaft ihr Kalb verteidigen, werden folglich eher nicht für die weitere Zucht verwendet.

Ähnliche Überlegungen spielen in großen Milchviehbetrieben eine Rolle, wo mehr und mehr Kühe von Robotern gemolken werden. Gemäß der Deutschen Bundesanstalt für Landwirtschaft und Ernährung waren 2016 »in Deutschland ca. 7 800 AMS in 5 500 Betrieben im Einsatz« – gemeint sind mit AMS automatische Melksysteme. »Zwei Drittel aller Milchviehhalter entscheiden sich bei Neukauf für einen Melkroboter. Laut Kuratorium für Technik und Bauwesen in der Landwirtschaft (KTBL) kommt es durch den Einsatz eines AMS zu einer sieben Prozent höheren Milchmenge, bei gleichzeitig deutlicher Zunahme der Arbeitsproduktivität. Neben AMS sind auch sensorgestützte Abruffütterungen oder automatische Fütterungssysteme weit verbreitet.« Im Schnitt erzeugt eine Kuh dem Bericht zufolge heute »7 746 Kilogramm Milch pro Jahr. 1970 waren es 3 280 Kilogramm, also gerade mal die Hälfte.

Im Idealfall dreht sich die Arbeit auf einem zeitgenössischen Milchviehbetrieb also überhaupt nicht mehr um die Kuh, denn die spaziert je nach Laune zwei- bis dreimal täglich in den Melkroboter, und den Landwirtenden bleibt mehr Zeit für die Arbeiten auf dem Feld – außer eben, dieses Ideal wird durchkreuzt von ein paar Kuhpersönlichkeiten. In der Praxis verhält es sich nämlich oft so, dass nicht alle Kühe freiwillig den Melkroboter aufsuchen. Das mögen ängstliche Kühe sein, Kühe, die sich in der Apparatur nicht entspannen können. Die Landwirtin, unterwegs im Traktor auf einem sieben Kilometer entfernten Feld oder endlich einmal auf einem kleinen Ausflug mit Freunden, erhält dann eine Nachricht vom Melkroboter: »Nummer 054, 078 und 102 sind (erneut) seit mehr als zwölf Stunden nicht zum Melken erschienen.« Dann muss jemand im Stall nach diesen Kühen suchen und sie zum Melkroboter drängen.

Da auch Ängstlichkeit zu einem guten Teil vererbt wird, lässt sich, wenn man solche Kühe in der Zucht nicht berücksichtigt – ihre Kälber also nicht großgezogen werden –, mit den Jahren eine Herde zusammenstellen, in der ausschließlich Tiere leben, denen es nichts ausmacht, von einem Roboter gemolken zu werden.

Kaum habe ich das geschrieben, entdecke ich eine Meldung der Zeitung *Schweizer Bauer* vom 4. Februar 2022: »Der Bestand an Melkrobotern in Österreich erhöhte sich per 31. Dezember 2021 um 29 % auf 1391 Anlagen. Das bedeutet, 7,5 % der 18 435 Kontrollbetriebe melken bereits automatisch. Diese Anlagen melken aktuell 75 000 Kontrollkühe oder 17 % aller Kontrollkühe, wie die Rinderzucht Austria mitteilt.«

Der Terminus *Kontrollkuh* begegnet mir hier zum ersten Mal, aber es scheint, als stehe er vor einer rosigen Zukunft.

8

Als ich mit den Kühen im schneebedeckten Laufhof stehe und an den Begriff *Kontrollkuh* denke, muss ich unverzüglich zu Eol blicken. Gewiss, es ist Galia, die in dieser kleinen Herde als Leitkuh amtet, das würde auch Eol nicht bestreiten. Auch er wird wissen, dass es sich bei ihm, verglichen mit der an Lebenserfahrung reichen Galia, bestenfalls um einen Sekundarschüler handelt. Das Wort *Kontrollkuh* verbinde ich dennoch mit ihm, denn wenn hier jemand für eine Kontrolle zuständig ist, dann ist es Eol bezüglich der weiblichen Zyklen. Es mag, wenn alle den Stall verlassen und sich im Laufhof verteilt haben, kaum zwei Minuten dauern, und Eol hat jede Kuh auf olfaktorische Veränderungen an der Vulva kontrolliert.

Nähert sich keine Kuh ihrem Eisprung, so wie das heute offenbar der Fall ist, gibt es für Eol auch keine Arbeit. Eine Kuh in ihren unfruchtbaren Tagen interessiert ihn sexuell nicht, und er zeigt dann einen ganz kollegialen, freundschaftlichen Umgang. Heute versteht er sich gerade außerordentlich gut mit Pampelune, die ihm freundlich den Hals leckt, die Ohren, den Rücken – und schließlich gar die Eier. Auch das scheint ihn nicht zu erregen. Und wenn Jade, der deutlich jüngere Stier, der noch keine sieben Monate alt ist, nun der Übung halber versucht, über sich hinauszuwachsen und Lentille zu besteigen, so führt das bloß dazu, dass sich Lentille belästigt wegdreht und Eol – wenn ich das hier so maßlos anthropomorphisierend schreiben darf – innerlich den Kopf schüttelt.

Um die Beziehung zu Lentille zu intensivieren, habe ich heute ein kleines Werkzeug mit in den Laufhof genommen: eine Kratzbürste aus Metall, mit der sich Kühen das Fell reinigen und ihnen eine Massage geben lässt. Ich warte, bis Lentille dem jungen Stier deutlich zu verstehen gibt, dass er den Unfug lassen soll, und er sein Interesse an ihr verliert, warte, bis sie ruhig dasteht, dann hole ich die Bürste aus der Hosentasche und nähere mich ihr ganz langsam.

Neugierig schaut sie mich an; zum ersten Mal nehme ich bewusst den schönen Haarwirbel wahr, den sie tief auf ihrer Stirn trägt; er liegt deutlich nicht in deren Mitte, nah an ihrem rechten Auge, was etwas Wildes, Ungestümes zum Ausdruck bringt, während die grauen Haarbüschel an ihren Schläfen ihrem ansonsten nachtdunklen Gesicht etwas Altkluges verleihen.

Als ich Lentille eine Hand auf den Rücken lege, scheint sie verunsichert; ich nehme eine Spannung in ihr wahr; wahrscheinlich bemerkt sie bereits, was ich ein paar Sekunden später auch bemerke: Ich habe, als ich die Bürste zückte, nicht mit Amina gerechnet. Die kommt in einem forschen, beinahe einschüchternden Tempo auf mich zu, deutet Lentille gegenüber mit klaren Hornsignalen an, sie solle sich gefälligst aus dem Staub respektive aus dem Schnee machen, und bleibt dann erwartungsfroh vor mir stehen. Dass ich ihr Verhalten richtig interpretiere, wird klar, als ich sie zu massieren beginne. Sie entspannt sich sogleich, lehnt sich in die Massage hinein, steht mir beinahe auf dem Fuß, weil sie ihre Flanke so sehr in meine Richtung drückt. Fast scheint mir, sie werde, wenn sie so weitermacht, bald umkippen, und kaum lege ich massierend eine kurze Pause ein, blickt sie ungeduldig fragend zu mir hoch.

Ich massiere sie eine lange Weile, lasse aber Lentille nicht aus meinem Blickfeld.

Nach einigen Minuten fasse ich den Plan, von Amina abzulassen, hoffend, sie werde zufrieden sein, um Kontakt mit Lentille aufzubauen. Aber kaum entferne ich mich einen halben Schritt, läuft mir Amina bereits hinterher, verfolgt mich Meter für Meter, und kaum lege ich auch nur eine Hand auf Lentilles Rücken, ruckelt Amina kurz mit ihren Hörnern, schickt Lentille damit gestisch von mir weg und steht erneut erwartungsfroh bis fordernd vor mir.

Halb interessiert, halb gelangweilt schauen uns die anderen Kühe zu.

Ich finde es anstrengend mit Amina, ihre Anhänglichkeit und ihr Egoismus gehen mir auf den Keks. Also begebe ich mich in den hinteren Teil des Laufhofs, hinter das breite Brettertor, wo Susi, Ambre und Galia stehen. Michaël trennt die Herde auf dem Laufhof jeweils in zwei Gruppen, um zu regulieren, welche von ihnen Eol wann decken soll.

Da sie die Leitkuh ist, erwarte ich, vor allem mit Galia zu tun zu haben, und tatsächlich bringt Galia, kaum habe ich mich Susi ein bisschen genähert, kaum ist klar, dass ich kostenlose Fellpflege anbiete, kurz ihre eindrücklichen Hörner in Position, um Susi und Ambre aus dem Weg zu befehligen.

Dieses dominante, egoistische Verhalten geht mir weniger auf den Wecker als bei Amina, weil sich Galia viel ruhiger zeigt und ich bei ihr nicht damit rechnen muss, vielleicht doch einmal eine Hornspitze in den Magen oder ins Gesicht gerammt zu bekommen. Dass es mir gelingt, zu der distanziert und unnahbar wirkenden Galia einen derart guten Kontakt herzustellen, freut mich ungemein. Einen guten Draht zur Leitkuh zu haben, kann für mein Mitwirken auf dem Hof nur von Vorteil sein.

Beglückt lege ich die Bürste schließlich zurück in den Stall, trinke in der Küche kurz ein Glas Wasser und gehe ohne Bürste zurück auf den Laufhof, jetzt wieder in den vorderen Teil. Amina sieht sofort, dass ich die

Bürste nicht dabeihabe; sie mustert mich zwar, kommt aber nicht auf mich zu. Ich hole eine Haube unberührten Schnees von einem Zaunpfahl, schiebe ihn mir zur Erfrischung in den Mund, lehne mich an die sonnenbeschienene Holzwand, zufrieden, von hier aus Lentille gut beobachten zu können. Ich bin bestrebt, in jene Ruhe hineinzufinden, die nun auf dem Laufhof herrscht.

Denn wenn alle Kuhmütter ihre Kälber versorgt haben, wenn die Fellpflege erledigt ist, wenn es nirgendwo mehr juckt und keine Freundin mehr eine andere Freundin zum gegenseitigen Lecken auffordert, wenn alle für sich in einem stimmigen Abstand zueinander einen angenehmen Platz zum Stehen gefunden haben, dann verbreitet sich eine ansteckende, schwierig zu beschreibende Gelassenheit auf dem Laufhof. Während langen Minuten macht keine Kuh einen einzigen Schritt mehr, alle scheinen verwurzelt mit dem Boden, bewegen kaum mehr den Kopf. Die Kühe stehen einfach, lassen sich von der Sonne das Fell wärmen, freuen sich, wenn die Kälber noch etwas herumtollen, und warten voller Eintracht, auf dass sich etwas in ihnen sammle.

Genau das passiert dann auch; allmählich beginnen die Kühe, kleine Kugeln hochzuschicken in ihr Maul. Man kann diese etwa faustgroßen Kugeln gut von außen sehen, kann erkennen, wie sie in flottem Tempo hochgefahren kommen, das Maul erreichen und die Kuh dann mit dem Wiederkäuen beginnt. Dieses Wiederkäuen ist stark rhythmisch und scheint eine zeitlose, unveränderliche Tätigkeit zu sein: Bei Lentille zähle ich siebenundzwanzig Kauschläge; siebenundzwanzigmal bewegt sie ihren Unterkiefer nach rechts unten, holt dort Schwung, und zerbeißt so nochmals und nochmals das bereits zerbissene Heu. Nach dem siebenundzwanzigsten Mal hält sie kurz inne, eine feine Justierung sorgt für ein Zucken in ihrem Maul, dann bewegt sie ihren Unterkiefer nach links unten, holt jetzt dort Schwung und beißt abermals siebenundzwanzig Mal auf das allmählich gewiss seine Kugelform verlierende Heu. Schließlich schluckt sie den grünen Brei runter, schickt ihn in den Netzmagen, für die weitere Verdauung. Augenblicke später gleitet aus dem Pansen bereits die nächste Heukugel hoch.

Es ist ein Fest der einträchtigen Gelassenheit, eine tiefschürfende Lobpreisung der sanft zerrinnenden Gegenwart. Menschen, die sich zu viel Arbeit und zu viele Termine aufhalsen, sollten ärztlich angewiesen werden, eine Kuh aufzusuchen, um ihr nahe zu sein, wenn sie wiederkäut. Dazu sind keine genauen Terminvereinbarungen nötig; eine Kuh verbringt rund zehn Stunden täglich mit dem Wiederkäuen.

Es sind gewiss die unterschiedlichsten Gründe, weswegen die Kuh in verschiedenen Kulturen als heilig angesehen wurde oder wird. Aber mir machen sich Kühe vor allem deshalb der Heiligkeit verdächtig, weil sie wiederkäuend eine mit Beschreibungen kaum zu fassende, Buddha-gleiche Gelassenheit zelebrieren, ein in den zerfließenden Augenblick verliebtes Aufgehobensein im Gegenwärtigen, das jedem Menschen, der sich darauf einlassen mag, bis in die Knochen gehen wird.

Ich merke, wie gern ich gerade jetzt mit den Kühen kommunizieren möchte, merke, wie ich gerade jetzt genau das nicht tun kann.

»Diese Unfähigkeit zur Kommunikation zwischen ihnen und uns«, schrieb Michel de Montaigne, »warum sollte sie nicht ebenso unsere sein wie ihre? Es bleibt eine offene Frage, wessen Fehler es ist, dass wir uns nicht verstehen, denn wir verstehen sie keineswegs besser als sie uns! So können sie uns mit gleichem Recht für vernunftlose Tiere halten wie wir sie.«

Ich denke an meine Recherche, denke an eine Kuh, die an einem Experiment teilnimmt. Allein. Mit ein paar Forschenden, die sich alsbald wieder zurückziehen, damit die Kuh möglichst ungestört ihrem Kuhsein nachgehen kann.

Ist eine Kuh, die an einem Experiment teilnimmt, die ihre Herde verlassen muss, die nicht fressen oder wiederkäuen oder ruhen oder ihr Kalb versorgen kann, sondern an einem Halfter irgendwohin geführt wird, wo sie ihr natürliches Verhalten zeigen soll – ist so eine Kuh noch Kuh genug, um als Kuh zu gelten? Ist zu erwarten, dass sie, gezwungen, ihre Gewohnheiten zu unterbrechen, keine kleinen, sporadisch ausgeübten, sondern zäh mit ihrem Wesen verwachsene Gewohnheiten, mit welchen sie so fest verwurzelt ist wie Grashalme mit dem Boden – ist es also zu erwarten, dass eine mit psychischer Gewalt von ihren Gewohnheiten und ihrer Herde getrennte und auf ein isoliertes Stück Weide gebrachte Milchkuh sich verhält wie eine Milchkuh?

Es will mir nicht immer gelingen, in wissenschaftlichen Texten über Tiere tatsächlich auch Tiere zu sehen. Sie scheinen hineingezwängt in ein Geflecht anthropomorpher Fragestellungen, verborgen hinter den Buchstaben, wie die Kühe verborgen sind hinter automatisch sich bewegenden Gittertoren, auf diesem Hof mit seinen 2 250 Milchkühen in den Niederlanden.

Und doch oder genau deswegen ist wissenschaftlich offenbar fundiert geklärt, dass Tiere über eine Persönlichkeit verfügen, und der Mensch scheint die Persönlichkeit von Tieren vor allem zu nutzen, um diese Tiere noch besser den Bedürfnissen einer wirtschaftlich optimierten Haltung anzupassen.

Ernüchtert stelle ich fest, dass ich mir unter dem Begriff *Persönlichkeit* etwas Größeres, etwas mit Seele vorgestellt habe. Nun zweifelsfrei zu wissen, dass

Lentille über eine Persönlichkeit verfügt, hilft mir jedenfalls nicht weiter bei meiner Frage, ob sie dem verlorenen Kalb nachtrauert, ob sie psychisch leidet. Sie steht drei Meter entfernt vor mir im Schnee, die tief am Himmel stehende Wintersonne belegt ihr Fell mit einem zauberhaften Glanz, wobei der asymmetrische Haarwirbel auf ihrer Stirn nun im schlanken Schatten ihres rechten Horns liegt; sie kaut siebenundzwanzigmal von unten rechts auf einem zermanschten Büschel Heu, dann, nach einer minimalen Pause, siebenundzwanzigmal von unten links, ehe sie sich eine neue Heukugel vornimmt; sie scheint zufrieden, scheint unbekümmert. Wie sie sich wirklich fühlt? Ich treibe meine Recherche weiter.

9

Wie sich ein Tier fühlt, lässt sich wissenschaftlich kaum schlüssig nachweisen. Allerdings beginnen die Unsicherheiten schon viel früher, denn allein die Frage, was unter einem Gefühl zu verstehen sei, ist umgeben von einem Nebel. »Everyone knows what an emotion is, until asked to give a definition. Then, it seems, no one knows«, schrieben Beverley Fehr und James A. Russell in einem viel zitierten Essay von 1984.

Vielleicht wird die Frage einfacher, wenn wir Gefühle zu einem bunten Strauß binden und das Ganze Tierwohl nennen? Immerhin ist das ein in der gesamten Gesellschaft etablierter und inzwischen auf jedem zweiten Joghurtbecher erwähnter Begriff.

Cornelie Jäger, ehemalige Landesbeauftragte für Tierschutz von Baden-Württemberg, hat sich eingehend mit dem Thema beschäftigt. In ihrem Buch *Das Tier und der Nutzen* hat die Tiermedizinerin dem Thema Tierwohl ein eigenes Kapitel gewidmet. »Zum Wohlbefinden gehörende positive Emotionen lassen sich bei Tieren im täglichen Umgang aufgrund von Erfahrung zwar gut erfassen. Für wissenschaftliche Fragestellungen ist dies aber nach wie vor schwierig.

Auch deshalb kann man zusammenfassend festhalten, dass der Schwerpunkt der Tierwohldebatte nach wie vor darauf liegt, Einschränkungen des Wohlbefindens von Tieren zu identifizieren, deren Auswirkungen abzuschätzen und Korrekturansätze zu entwickeln. Das Wohlbefinden selbst entzieht sich nach wie vor weitgehend einer direkten Feststellung.«

Auch die zweihundertfünfzig Wissenschaftler:innen aus siebzehn Ländern, die sich in dem von der Europäischen Union unterstützten Projekt *Welfare Quality®* während nicht weniger als fünf Jahren mit Fragen des Tierwohls beschäftigt und zahllose Studien dazu erarbeitet haben, vermochten dieses Defizit nicht aus der Welt zu schaffen. Im Rahmen dieses praxisnahen Projekts entstanden zwar verschiedene Formulare, die es Tierhaltenden ermöglichen sollen, das Tierwohl auf ihrem Hof mit einem überschaubaren Aufwand zuverlässig zu messen. Aber obwohl das auf Milchkühe zugeschnittene Formular umfangreich ist, erfasst es doch vornehmlich negative Zustände: Wie wenig Platz gibt es im Stall? Sind Tränken defekt? Haben die Tiere Auslauf? Wie viele Tiere sind krank?

Auf der Website des Projekts findet sich auch eine Broschüre mit dem Titel *Verringerung von Lahmheiten bei Milchkühen*. Darin steht zu lesen: »Die Landwirte schätzen den Anteil ihrer lahmenden Milchkühe auf etwa 5% bis 10%, der Durchschnittswert ist allerdings realistischer bei 25% je Herde anzusetzen. Lahmheiten verringern die Effizienz der Milchproduktion einer Kuh, wobei sich je Tier ein geschätzter durchschnittlicher Jahresverlust von 200 EUR ergibt. Mit anderen Worten macht dieses Tierschutzproblem einen Verlust von 5% bis 10% des Jahresgewinnes eines Landwirtes je Kuh aus.«

Die für diese Broschüre Verantwortlichen gehen offensichtlich davon aus, man müsse Landwirtende darauf hinweisen, dass mit ungesunden Tieren weniger Geld zu verdienen ist, ehe sie dazu motiviert werden können, für Bedingungen zu sorgen, die geeignet sind, das Tierwohl zu verbessern.

Dann wird rudimentär erklärt, dass Kraftfuttergaben mit Klauenproblemen korrelieren: Eine Milchkuh benötige, so wird konstatiert, nicht nur Energie, sondern auch »ausreichend Raufutter, um die gegebenenfalls im Magen entstehende und Lahmheiten hervorrufende Säuremenge auszugleichen. Den wissenschaftlichen Untersuchungen von *Welfare Quality®* bei Herden zufolge, denen durchschnittlich 0 kg bis 0,44 kg Kraftfutter je kg Milch gefüttert wurde, steigt das Lahmheitsrisiko mit steigenden Mengen an Kraftfutter. Eine simple Reduzierung der Kraftfuttermenge geht allerdings zu Lasten des Energiestatus von Hochleistungsmilchkühen.«

Der Hinweis darauf, dass eine Hochleistungskuh

somit generell hervorragende Chancen hat, an einem eingeschränkten Wohlbefinden zu leiden, fand auf der Broschüre jedoch keinen Platz mehr.

Aber ungeachtet, ob die Broschüre als praxisnah gelten mag oder als Hohn gegenüber der artgerechten Fütterung einer Kuh, eines ist klar: Auch in einem derart aufwendigen und umfassenden Projekt wie *Welfare Quality®* offenbart sich bezüglich des Themas Tierwohl dieselbe negative, auf minimalste Anforderungen fokussierte Herangehensweise, an der sich sowohl Tierschutzgesetze wie auch Lebensmittellabel orientieren.

Es entstehe dabei, schreibt Linda J. Keeling, eine schwedische Forscherin für Ethologie und Tierwohl, ein Missverhältnis zwischen dem, was von der Gesellschaft erwartet würde, nämlich dass das Tierwohl gut sei, und dem, was tatsächlich geliefert werde: die Versicherung, das Tierwohl sei nicht schlecht.

Keeling, Professorin an der Universität für landwirtschaftliche Wissenschaften in Uppsala, ärgert sich über dieses Missverhältnis und hat deswegen im November 2021 zusammen mit anderen eine Studie veröffentlicht mit dem Titel: *Towards a Positive Welfare Protocol for Cattle.* Darin geht Keeling zusammen mit anderen Forschenden der Frage nach, wie gutes Tierwohl zu belegen wäre.

Keeling und ihre Kolleginnen diskutieren ein gutes

Dutzend mögliche positive Tierwohl-Indikatoren – da das Wohlbefinden der Kühe mit einem realistischen personellen und technischen Aufwand festgestellt werden können soll, fallen jedoch jene Indikatoren weg, die den Einsatz medizinischer Geräte oder eine Laboranalyse von Blut, Speichel oder Haarproben erfordern. Fünf Indikatoren bleiben übrig: die Position der Ohren, die gegenseitige Fellpflege, die Benutzung von Bürsten, die Neigung zum Spiel und die Qualitative Verhaltensbewertung, kurz QBA.

Was die Ohren angehe, so herrsche zwar Konsens, dass nach hinten gewandte Ohren ein gutes Wohlbefinden anzeigten – in klinischen Studien habe sich jedoch gezeigt, dass Kühe die Ohren auch dann nach hinten ziehen, wenn sie Schmerzen empfinden.

Die Fellpflege durch Lecken oder durch die Verwendung von Bürsten gilt gemäß den Autor:innen zu Recht als Hinweis für ein gutes Wohlbefinden von Kühen – allerdings geben sie zu bedenken, dass Kühe, die an Hautkrankheiten oder Haarparasiten leiden, trotz eingeschränkten Wohlbefindens ebenfalls eine innige Fellpflege betreiben.

Die Neigung eines Tiers, allein oder mit anderen zu spielen, vermöge in der Regel gut anzuzeigen, dass wesentliche Bedürfnisse eines Tieres erfüllt und positive Emotionen vorhanden sind. Allerdings verhielten sich ausgewachsene Kühe oft nicht besonders spielerisch, und so beschränke sich dieses Kriterium auf Kälber und Jungtiere.

Bleibt also die Qualitative Verhaltensbewertung übrig, kurz QBA genannt (*qualitative behaviour assessment*). In diesem Verfahren nimmt sich jemand Zeit, eine Kuhherde zu beobachten und dabei aufgrund eigener sprachlicher Präferenzen Adjektive zu finden, um das Verhalten der Kühe zu beschreiben. Dabei geht es nicht darum, zu beschreiben, *was* die Kühe tun, sondern *wie* sie es tun.

Es ergebe sich, so die Studie, in derartigen Tests oft eine hohe Übereinstimmung zwischen verschiedenen Beobachtenden – damit die gesamte Bewertung zu einer belastbaren Aussage führe, sollten zehn bis fünfzehn Personen während je circa zwanzig Minuten die zu bewertende Kuhherde beobachten.

Ob der personelle Aufwand realistisch ist, sei jetzt einmal dahingestellt: Entlarvend banal macht die Studie klar, dass es weiter nichts braucht für eine relativ zuverlässige Bestimmung von positivem tierlichem Wohlbefinden als ein paar Menschen, die sich Zeit nehmen, Tiere zu beobachten.

10

In der zeitgenössischen, ökonomisch unter Druck stehenden Landwirtschaft klingt die Vorstellung, dass regelmäßig zehn bis fünfzehn Personen während je zwanzig Minuten eine Gruppe von Kühen beobachten, um sich ein paar stimmige Adjektive einfallen zu lassen, wie ein schlechter Scherz. Umso mehr, wenn Hunderte von Kühen im Stall stehen. Wer heute wissen will, wie es seinen Milchkühen geht, lässt sich nicht auf bunte, möglicherweise gar poetische Adjektive ein, sondern vertraut im Gegenteil auf Smart Farming. Das digitale Gesundheitsmonitoring einer zeitgenössisch gehaltenen Milchkuh steht meist auf verschiedenen Pfeilern: Die zur Datenerhebung nötigen Sensoren werden am Fuß, am Hals, am Ohr und am Schwanz einer Milchkuh befestigt; am wichtigsten sind meist jene Daten, die ein Magenbolus liefert. Denn während ein Kästchen am Fußgelenk nur die Schritte zählen, ein Sensor am Ohr meist nur die Körpertemperatur aufzeichnen und ein elektronisches Halsband nur die Schluckbewegungen erfassen kann, registriert ein im Kuhmagen versenkter, mit viel Elektronik ausgestatteter und ungefähr faustgroßer Bolus sowohl die allgemeine Aktivität eines Tiers als auch den pH-Wert im Magen, die Trinkzyklen, die Körpertemperatur und die Pansenmotilität, also die Beweglichkeit dieses für die Kuhgesundheit so wichtigen Magens.

Hersteller solcher softwareumrankter Geräte preisen die zahlreichen Vorteile: Stoffwechselerkrankungen lassen sich früh erkennen, Hitzestress wird angezeigt, das Trinkverhalten ist ebenso dokumentiert wie die Zeiten, in denen sich die Kuh dem für ihr Verdauen unverzichtbaren Wiederkäuen widmet. Auch subakute Pansenazidosen, also erst in einem Anfangsstadium sich befindende Magenübersäuerungen, lassen sich so eruieren.

Der Bolus, dieses multifunktionale, batteriebetriebene Messgerät, wird mit einem langen Metallstab durch das Maul und den Hals der Kuh hinabgestoßen, bis hinunter in den Netzmagen, wo er bis zum Lebensende der Kuh verbleibt; er wird weder hochgewürgt noch verdaut.

Ein entscheidendes Datenpaket von Smart-Farming-Managementlösungen ist jenes mit den Informationen über die Brunst. Nur wenn der Eisprung einer Kuh auf den Tag genau erfasst wird, kann auch die künstliche Besamung rechtzeitig erfolgen. Eine Kuh, die sich in der sogenannten Vorbrunst befindet, zeigt Interesse daran, die Scham anderer Kühe zu beschnuppern. Ob sie tatsächlich an den Gerüchen interessiert ist, zeigt sich, wenn sie flehmt, also direkt nach dem Riechen bei gerecktem Hals die Oberlippe hochzieht und tief einatmet. Dieses Verhalten aktiviert sowohl den Riechkolben wie auch das Vomeronasale Organ, ein höchst sensibles, auf Pheromone spezialisiertes Riechorgan, über das Kühe verfügen. In der Vorbrunst befindliche Kühe legen oft auch ihren Kopf auf Artgenossinnen, einmal bei dieser Kuh, dann bei der nächsten, und sorgen damit für Unruhe in der Herde. Erreicht eine Kuh die Hauptbrunst, zeigt sich an ihrer Scheide meist ein glasklarer Schleim, und ihre Unruhe ist nochmals erheblich gesteigert: Jetzt besteigt sie scheinbar wahllos andere Kühe, steckt andere mit ihrer Unruhe an, und wenn es nun zum Duldungsreflex kommt – wenn sie sich also von einer anderen Kuh bespringen lässt und dabei ruhig stehen bleibt –, ist sie klar stierig.

Diese einst schlicht durch das Beobachten getätigte Brunsterkennung beim Milchvieh ist aber schwierig geworden: Kühe mit hoher Milchleistung zeigen die Brunst oft nur undeutlich, vor allem während eines heißen Sommers, und ihre Hauptbrunst ist kürzer geworden. Smart Farming sammelt auch hier zuverlässig alle benötigten Daten: Verändertes Liegeverhalten, verändertes Laufverhalten, eine leicht veränderte Temperatur des Körpers und der Milch, zudem der Nachweis von Progesteron in der gemolkenen Milch –

alles Anzeichen für den Eisprung. Die gut vorbereitete Herdenmanagerin weiß schon, welche Samen sie jetzt bestellt, denn sie hat die bisherigen Leistungsdaten der Kuh rechnerisch abgeglichen mit dem Zuchtziel des Betriebs.

Firmen wie Swissgenetics halten Zuchtstiere zu dem Zweck, Samen zu gewinnen, tiefzukühlen und weltweit an Herdenmanagements zu verkaufen.

Die Zuchtstiere werden sexuell stimuliert, ihr Ejakulat wird in einem Wasserbad aufgefangen und einer Qualitätsprüfung unterzogen. Danach wird das Sperma in einer Nährlösung verdünnt, in der sich neben anderen Inhalten auch ein Antibiotikum befindet, das das Wachstum von Krankheitskeimen unterdrücken soll, sowie Glyzerin, das dem Frostschutz dient. Vermischt mit dieser Nährlösung wird das Sperma in Portionen abgefüllt und gekühlt auf minus 196 Grad Celsius. Damit diese Temperatur gehalten werden kann, wenn die Spermaportionen rund um die Welt verschickt werden, müssen sie mit flüssigem Stickstoff gekühlt werden. In die stierige Kuh kommt das Sperma schließlich, indem der Besamungstechniker – in der Schweiz schlicht *Besamer* genannt – erst tief in den After der Kuh hineingreift, um die Gebärmutter zu erfühlen, dann einen Besamungsstab in die Scheide einführt und schließlich das Sperma herausdrückt.

In den von Swissgenetics veröffentlichten Tabellen können Manager nur wenig über die eigentlichen Stiere erfahren – viel aber über die Eigenschaften, die von ihnen vererbt werden. Insgesamt neunundfünfzig Werte listet die Tabelle auf; von der Mastitis-Resistenz über die Form des Beckens und die Anordnung der Zitzen ist da alles enthalten.

Erwähnt wird auch, wie viele Töchter ein Stier bereits hat; Söhne werden nicht gezählt, die lassen sich ja nicht melken. Armagedon zum Beispiel ist ein noch junger Stier, er hat noch keine Töchter, die bereits gemolken werden. Deswegen hat er hier eine Null in der Tabelle stehen. Anders punktet diesbezüglich McCutchen, denn er hat bereits 2 405 Töchter. Und er vererbt eine Milchleistung, die 1 306 Kilogramm über dem aktuellen jährlichen Herdendurchschnitt liegt – und dies bei einer Sicherheit der Angaben von neunundneunzig Prozent.

Armagedon kann im Vergleich dazu 1 693 Kilogramm an zusätzlicher Milchleistung vererben, also noch einmal erheblich mehr. Die Leistungen, die mit dem Erbgut von Armagedon möglich sein werden, sind also noch berauschender als jene, die McCutchen zugänglich macht. Allerdings sind die Angaben zu Armagedon mit Vorsicht zu genießen, da er noch keine Töchter vorweisen kann, an denen sich diese Leistungen tatsächlich bestätigt zeigen. Die Zuverlässigkeit der Angaben auf dem Datenblatt zu Armagedon ist daher mit einer Sicherheit von lediglich sechsundsiebzig Prozent ausgewiesen.

Diese Ungewissheit wird begleitet von der auf diesen Tabellen nicht erwähnten Chance, dass die künstliche Besamung nicht beim ersten Mal klappt. Rund siebzig Prozent der ersten Besamungen verlaufen erfolgreich – ist die Kuh nicht trächtig, muss sich das Herdenmanagement bis zum nächsten Eisprung gedulden. Wem diese Wartezeit zu teuer ist, der kann hormonell in den Zyklus der Kuh eingreifen.

Andere biotechnische Eingriffe, wie etwa der Embryotransfer, dürfen lediglich auf konventionellen Höfen vorgenommen werden. Bei diesem Eingriff wird der Embryo einer züchterisch höchst interessanten Kuh entnommen und in die Gebärmutter einer anderen, züchterisch weniger interessanten Kuh eingepflanzt, damit die züchterisch interessantere Kuh bald wieder besamt werden und mehr Kälber produzieren kann. Die empfangende Kuh muss sich im selben Zyklusabschnitt befinden wie die spendende Kuh; das wird, ebenfalls ganz smart, durch hormonelle Behandlung erreicht.

11

Am Schreibtisch sitze ich, arbeite an diesem Essay und blicke hin und wieder über die Stadt hinaus und hin zu den schneeverzierten Nadelwäldern, die hier für die Linienführung des Horizonts zuständig sind. Im Kalender steht der Januar, der Winter macht sich breit, überzieht die Gehsteige mit Eis und kriecht den Menschen mit seiner Kälte unter die Jacken. Ich denke an das Heu auf dem Hof, an die sechs, vielleicht auch sieben Meter hohe Wand aus blassgrünen Halmen, an diese Wand, die täglich zurückweicht und kleiner wird; denke an Michaël, der sich täglich mit einer speziell zu diesem Zweck gebogenen Heugabel an der Wand zu schaffen macht, in sie hineinsticht in der Art der Alpinisten, die, bewehrt mit einem Eispickel, einen gefrorenen Wasserfall besteigen, bloß dass Michaël nicht an dieser Heuwand hochklettern, sondern ihr Material entnehmen will; denke an all die Halme, die Tag für Tag hineinwandern in die Kühe, die sich damit erhalten, ihre Kleinen versorgen, die zudem für den Menschen Milch geben und darüber hinaus Nährstoffe hervorbringen, die wir in der warmen Jahreshälfte auf die Ackerflächen werden bringen können, damit der Boden gut versorgt ist, um Weizen, Gerste, Kartoffeln, Buchweizen und Lein wachsen zu lassen. Und statt zu schreiben, lese ich viel, habe mich hineinziehen lassen in Texte zur Tierkognition und Tierphilosophie, in Texte, in denen darüber diskutiert wird, was wir über das Bewusstsein von Tieren wissen können, wieso wir annehmen können, dass sie einen Geist haben, wieso das alles schwierig zu beweisen ist – wieso es überhaupt schwierig zu sagen ist, was Bewusstsein genau sein könnte – und wieso es gute Gründe gibt, auch einmal loszukommen von der Pflicht, beweisen zu müssen, dass Tiere ein Bewusstsein haben, denn es spricht a priori nichts gegen die Pflicht, im Gegenteil beweisen zu müssen, dass Tiere kein Bewusstsein haben.

Markus Wild, Professor für Theoretische Philosophie an der Universität Basel und seit langen Jahren spezialisiert auf Tierphilosophie, macht das an einem schönen Beispiel klar: Wenn wir einen Menschen beobachten, der an einem regnerischen Tag im Wald spazierend an eine Weggabelung gelangt, eine kurze Weile die drei Wege betrachtet, die sich vor ihm auftun, um schließlich einen bestimmten Weg zu wählen – dann würden wir sagen, er habe sich zum Beispiel überlegt, dass der Weg ganz rechts zwar der kürzeste ist, bei der nassen Witterung aber auch der schlammigste, und deswegen habe er den Weg in der Mitte gewählt.

Wenn nun ein Reh an diese Weggabelung gelangt, dort stehen bleibt, eine kurze Weile die drei Wege betrachtet, die sich vor ihm auftun, um schließlich einen bestimmten Weg zu wählen – dann gibt es gute Gründe zu erwarten, es habe sich im Hirn des Tiers ganz Ähnliches abgespielt wie beim Menschen, und die Vorstellung, es handle ein Reh lediglich nach ganz simplen Reiz-Reaktions-Mustern, während der Mensch in derselben Situation nach einem anderen, höheren kognitiven Muster funktioniere, sei philosophisch wenig überzeugend.

Mein Verdacht, ein Tier *habe* nicht bloß eine Persönlichkeit, sondern *sei* eine Persönlichkeit, womöglich sogar eine, die eine naturwissenschaftlich betrachtet so haarsträubende Sache wie eine Seele in sich trägt, findet viel Nahrung in diesen Texten. Und sie lassen mich zurückdenken an die Pilotin. Das war eine Sau, und ehe ich in den Jura gezogen bin, hatte ich oft mit ihr zu tun. Ich wohnte damals im Flachland, in einem kleinen Dorf, in dem nicht Kirchenglocken das Verstreichen der Zeit mitteilen, sondern Schweine. Mit seinen 175 Einwohnern war das Dorf zu klein für eine eigene Kirche, aber mitten im Ort lag ein Bauernhof, auf dem, vollkommen unsichtbar, Schweine gehalten wurden. Nicht erschreckend viele, wie ich vermute, aber doch eher hundert als zehn. Von früh bis spät alle zwei Stunden wurden diese Schweine gefüttert; nach dem Lärm, der regelmäßig den Stallmauern entwich und das ganze Dorf erfüllte, ließ sich die Uhr richten.

Dass es laut wird, wenn Schweine gefüttert werden, derart laut, dass viele Landwirtende den Schweinestall nie ohne Gehörschutz betreten, ist bekannt. Derart bekannt und normal, dass zu vermuten steht, es zeige ein bei der Fütterung schreiendes Schwein ein arttypisches Verhalten.

Ein Freund von mir sagt: »Die meisten Tiere sind verblüffend gute Beobachter. Jene, die nicht so gut beobachten, heißen Menschen.«

Es wäre interessant zu wissen, wie viele Menschen diese Schreie überhaupt noch hören. Wie viele davon ausgehen, es sei in jenem Stall alles in Ordnung.

Hätte ich nicht vor einigen Jahren eine landwirtschaftliche Ausbildung absolviert, ich wüsste bis heute nicht sicher zu sagen, dass domestizierte Schweine – ähnlich ihren nächsten Verwandten, den Wildschweinen – abgesehen vom Schmatzen ganz ruhig sind, wenn sie fressen.

Dieser Lärm im Stall hat schlicht anthropogene Ursachen: Diese nicht artgerecht, aber durchaus tierschutzkonform gehaltenen Schweine fürchten alle zwei Stunden, im hektischen Gedränge nicht rechtzeitig zuvorderst am Trog zu stehen. Das Futter gehört denen, die es zuerst erwischen; wer einen guten und wer einen schlechten Platz erhält, entscheidet sich in

Sekunden, und jene Schweine, die es nicht rechtzeitig zum Futter schaffen, beißen den anderen die Ohren oder die Schwänze blutig. Innert weniger Minuten ist alles Futter weg, was zurückbleibt, besteht aus Stahl und Beton – oder Artgenossen. Kannibalismus ist daher ein großes Thema in der Haltung von Schweinen, die nicht in der Erde wühlen können.

In diesem Dorf also wohnte ich, und ich engagierte mich auf einem Biohof, der neunzig Sorten Gemüse anbaute. Um die Nährstoffe in einen Kreislauf zu bringen, wurden auch Tiere gehalten; unter anderem sechs Schweine. Sie lebten draußen, auf einer großen Wiese, die sich Tag für Tag ein bisschen mehr durch ihr unermüdliches Pflügen in einen Acker verwandelte.

Dreimal am Tag lud ich Molke, Salat und gekochte Kartoffeln auf einen alten Handwagen und schob diesen entlang bunter Gemüsefelder und eine Hecke durchquerend hoch auf die kleine Hochebene, hin zu den Schweinen.

Oft waren diese derart beschäftigt, im Boden nach leckeren Wurzeln und Würmern zu suchen, dass sie mich erst spät entdeckten – umso schneller sprinteten sie dann, mit flatternden Ohren, auf mich zu.

Während die sechs Schweine schmatzend ihren Hunger stillten, kontrollierte ich das Wasser und das Stroh in ihrem mobilen Stall, holte Zaunlitzen, die in der umgebuddelten Erde zu versinken drohten, wieder an die Oberfläche, dann hockte ich mich ins Gras – und wartete auf die Pilotin. Ich nannte sie so wegen ihrer großen Ohren, mit denen sie beim Rennen den Eindruck erweckte, sie wolle sich demnächst in die Luft schwingen.

Fast immer war es die Pilotin, die als Erste satt gefressen war und zu mir kam. Sie trottete auf mich zu, ließ, als sei das eine höfliche Begrüßung, ihre Steckdosenschnauze an meinem Knie anstoßen und schien nur darauf zu warten, von mir gekrault zu werden. In der Direktheit dieser Aufforderung und in dem anschließenden Zurschaustellen des Genießens war die Pilotin kaum zu übertreffen. Nach zwei, drei Minuten lag sie komplett entspannt auf dem Rücken, hielt die Augen geschlossen, streckte alle vier Beine weit von sich und ließ sich, nicht anders als ein Hund, die überraschend feine Haut des Bauchs streicheln.

Eines Tages nahm diese Romantik ein jähes Ende; die Geschäftsleitung des Hofs ließ mich wissen, es sei neues Fleisch gefragt auf dem Markt; in drei Wochen müsse ich die drei großen Schweine in einen Anhänger laden und ins Schlachthaus fahren.

Derartige Termine sind mir verabscheuenswürdig; herzlich gern würde ich auf sie verzichten. Ich kann gut verstehen, wenn Verfechter des Veganismus eine um ein hohes Tierwohl bemühte Nutztierhaltung als *glückliche Ausbeutung* kritisieren. Es ist jedes Mal wieder aufwühlend und ethisch kaum haltbar. Und doch: Solange tierische Produkte nachgefragt werden, finde ich es wichtig, eine ökologisch und gemessen an den Voraussetzungen für das Tierwohl vertretbare Alternative zum industrialisierten Massenprodukt anbieten zu können.

Das hieß für mich: Während mindestens zwei Wochen trainierte ich täglich mehrmals mit den Schweinen, studierte eine ganze Choreografie ein, damit sie am Tag X ganz freiwillig und ohne jeglichen Stress in jenen Anhänger einsteigen würden, mit dem sie ins Schlachthaus gefahren werden. Es versteht sich: Zwei Wochen Training sind nicht nötig, um ein paar Schweine in einen Anhänger zu bekommen. Die Tiere sind ja klug und neugierig.

Da aber von sechs Schweinen nur drei bestimmte, nämlich die älteren, in den Anhänger steigen sollten, musste ich mir etwas einfallen lassen. Noch mehr musste ich mir einfallen lassen, weil jüngere Schweine flinker und entdeckungsfreudiger sind als ältere, insbesondere wenn sie so munter sind wie die Pilotin – ich also damit rechnen musste, dass genau die falschen drei zuerst im Anhänger drin sein würden. Und noch mehr musste ich mir einfallen lassen, weil der zur Verfügung stehende Anhänger für Schafe konzipiert war und nicht dem Hof gehörte, sondern einem Mitarbeiter privat. Er befürchtete, die Schweine würden, weil sie nicht nur ungemein entdeckungsfreudig sind, sondern auch liebend gern alles, was sie entdecken, auch gleich zernagen, seinen Anhänger noch vor dem Transport in einen Haufen Holzschnitzel verwandeln.

Dieses Training zu beschreiben, würde einen eigenen Essay füllen, und es geht hier auch gar nicht um das Training an sich, sondern schlicht um die Tatsache, dass ich ziemlich viel Zeit mit der Pilotin und ihren Freundinnen verbrachte.

Als am Morgen des Schlachttages ganz gemäß der Choreografie die drei älteren Schweine ohne Stress in den Anhänger spazierten, ich hinter ihnen – anders als bei den Trainings – das Tor schloss und den Riegel schob, war ich ebenso erleichtert wie restlos beschämt über meinen bodenlosen Vertrauensmissbrauch.

Um mich psychisch zu schonen, habe ich einen Mitarbeitenden gebeten, an meiner statt mit den Schweinen in den nahen Schlachthof zu fahren.

Als er nach einer Stunde mit dem leeren Anhänger zurückkehrte, schilderte er, wie reibungslos alles verlaufen sei; weil die Schweine im Training den Anhänger immer wieder flink verlassen mussten, seien sie auch im Schlachthof problemlos und freiwillig ausgestiegen.

Ich wusste nicht, ob mich das aufheitern sollte.

Drei Stunden später lud ich wieder Molke, Salat und gekochte Kartoffeln auf den Handwagen, diesmal nur eine halbe Portion.

Als ich die Hecke passierte und die Weide überblickte, sah ich weit und breit kein Schwein, keine Pilotin. Ich geriet etwas in Sorge, befürchtete, sie seien ausgebüxt. Aber der Zaun war intakt, und bald entdeckte ich sie in ihrem mobilen Stall im Stroh liegend. Erstaunt, sie derart passiv zu sehen, füllte ich ihren Trog mit Futter; jetzt endlich verließen sie den Stall und kamen zu mir. Aber sie bewegten sich irritierend langsam. Kurz dippten sie ihre Schnauzen ins Fressen, dann guckten sie zu mir hoch – und ließen das Essen unberührt stehen.

Trauer erfasste mich. Ich ließ die beiden Kübel liegen, sah blicklos in die Ferne, sah zu dem noch immer vollen Trog, schaute zu den ganz stummen, fragend mir zugewandten Schweinen, dann hockte ich mich an den Rand des mobilen Stalls, um diesen Fluss von Melancholie vorbeiziehen zu lassen.

Bald kamen die Pilotin und die beiden anderen in meine Nähe. Zwei legten sich direkt hinter mir ins Stroh, die Pilotin hingegen setzte sich neben mich, die Hinterbeine schräg zur Seite, die Vorderbeine gestreckt, um an meiner Schulter und mit der gleichen Wehmut wie ich in die Ferne zu blicken.

Es vergingen vierundzwanzig Stunden, ehe die drei Schweine, mit mäßigem Appetit, aber immerhin, wieder etwas fressen mochten.

12

Angesichts all der anstehenden Arbeiten ist es auf einem Bauernhof nicht einfach, sich die Zeit zu nehmen, um müßig bei den Tieren zu verweilen und Kontakt mit ihnen zu pflegen; das ist auch bei Michaël nicht anders. Buchweizenmehl will abgepackt und etikettiert sein; Kartoffeln wollen sortiert und zum Dorfladen transportiert werden; die Kiste mit den schlanken, zum Feuermachen benötigten Tannenholzscheiten ist leer; über hundert Zaunpfosten wollen revidiert und für die nächste Weidesaison vorbereitet und die seit Wochen stotternde Wasserpumpe will endlich inspiziert werden. Da die Kühe auf diesem Hof grundsätzlich einen sehr zufriedenen Eindruck machen, fällt es leicht, sich außerhalb der Fütterungs- und Melkzeiten nicht groß um sie zu kümmern.

Manchmal gelingt es mir, das zu ändern, indem ich in meiner Freizeit auf den Hof gehe. Ich wirke in der Hofkäserei, hacke nach Laune Brennholz, bringe den Miststock in Form, und als mir auffällt, dass es schon zwei Wochen her ist, seit ich mit der Bürste die Kühe besucht habe, die im hinteren Teil des Laufhofs stehen, statte ich Galia, Susi und Ambre einen Besuch ab.

Um Galia keine Massage aufzuzwingen, zu der sie vielleicht nicht in Laune ist, stelle ich mich einfach mit der Bürste in der Hand in den hinteren Laufhof und warte ab. Ich hoffe, sie werde auf mich zukommen, um sich bei mir eine Fellpflege abzuholen. Das tut sie aber nicht. Galia bleibt, wo sie ist, hält den Kopf relativ tief und schaut mich an in einer Weise, die ich als misstrauisch beschreiben würde.

Ambre scheint interessiert, sich mir zu nähern, macht zwei Schritte in meine Richtung, blickt dann aber zu Galia, die ihr, aus zwei Metern Entfernung, ein unfreundliches Hornsignal schickt, worauf Ambre sogleich innehält.

Ich bleibe stehen, verwundert über die schwer einzuschätzende Stimmung, gehe schließlich langsamen Schrittes auf Galia zu und lege ihr eine Hand auf den Rücken. Überraschend schwungvoll dreht sie ihren Kopf, anschließend ihren ganzen Körper und bleibt wehrhaft und frontal vor mir stehen.

Ich verstehe ihre Reaktion nicht zu deuten; mir scheint, die Stimmung sei etwas angespannt.

Ich mache einen Schritt zur Seite, lege ihr nochmals eine Hand auf den Rücken und setze die Bürste an, hoffend, sie damit entspannen zu können. Abermals wendet Galia voller Schwung den Kopf, den Hals, den gesamten Körper, sodass sie wieder frontal vor mir steht. Jetzt hält sie den Kopf noch tiefer, zieht das

Flotzmaul zu ihrer Brust, drückt die Stirn nach vorn und kommt in dieser Haltung mit ihren langen und spitzen Hörnern auf mich zu.

Irritiert weiche ich zurück. Mein Puls erhöht sich.

Tiefe, langgezogene Vokale spreche ich aus, eine beruhigende Wirkung bleibt aber aus: Galia marschiert noch immer mit den Hörnern voran auf mich zu, die Art und Weise, wie sie jetzt ihre Klauen aufsetzt, wirkt geradezu militärisch. Schritt um Schritt weiche ich zurück. Es fühlt sich nicht gut an, dennoch bleibe ich stehen: Ich will ihr zeigen, dass auch ich etwas zu sagen habe, dass ich mich nicht so behandeln lasse.

Galia hält inne, belässt aber Hörner und Schädel in kampfbereiter Haltung. Sie wirkt, als fordere sie mich auf, endlich auch Hörner zu zeigen.

Meine Kampfausrüstung beschränkt sich auf eine Bürste, und ehe ich dazu komme, nochmals tiefe, langgezogene Vokale zu intonieren, schüttelt Galia erneut wild den Kopf und schreitet, die spitzen Hörner voran, weiter kraftstrotzend auf mich zu. Ich bin ohne Chance. Nach zwanzig Schritten im Rückwärtsgang stehe ich am Brettertor, am Ende des Laufhofs, und weil mich Galia noch immer bedrängt, klettere ich über das Tor und bringe mich in Sicherheit.

Jetzt erst hebt Galia ihren Kopf, hebt ihr Kinn. Mir scheint, sie sei sehr einverstanden, mich verdrängt zu haben.

Ich erledige noch einmal etwas in der Käserei, bin aber unkonzentriert und beschließe, für heute Schluss zu machen. Ich kleide mich um, rufe Michaël einen Gruß zu, schnalle mir den Rucksack auf den Rücken, spaziere zum Bahnhof und fahre die zehn Kilometer zurück in die Kleinstadt, zurück in meine Wohnung, in der mich keine Kühe, sondern höchstens Bücher bedrängen können.

13

Abends schleiche ich in der Wohnung umher, Gedankenfäden hinter mir herziehend, als könnte ich entlang meiner Zimmerwände überzeugende Erklärungen finden; das Erlebnis mit Galia beschäftigt mich. Ich verstehe nicht, wieso diese Kuh, die noch vor zwei Wochen meine Massage derart innig genossen hat, mich nun auf das Deutlichste und unter Androhung von Gewalt aus dem Laufhof geschmissen hat. Zu gern würde ich wissen, woher der Ärger stammt, den sie für mich empfindet; wissen, womit ich sie verdrossen habe.

Mein Arbeitstisch ist übersät mit empirischen Studien über das Verhalten von nicht-menschlichen Tieren. Zwar ist einleuchtend, was Etholog:innen und Naturwissenschaftler:innen unter Persönlichkeit bei Tieren verstehen; aber wenn ich Lentille, Amina oder Galia gegenüberstehe, habe ich nicht einfach ein handliches Paket von Eigenschaften vor mir, nicht einfach eine per Zufall durchblutete, von einem Fell umgebene Masse, die mehr oder weniger gesellig, sozialverträglich und launisch ist. Nein, ich habe da jemanden vor mir stehen, dem ein extrem starker Lebenswillen, ein gehöriges Gegenwartsbewusstsein und eine frappierende Wahrnehmungssensibilität eigen ist, jemanden, der situativ und emotional enorm klug ist, jemanden, den ich zwar nicht intellektuell nennen kann, der mir jedoch in Sachen Weisheit womöglich massiv überlegen ist, der wiederkäuend mehr Gelassenheit in sich trägt als ich nach tausend Stunden Yoga, und jemanden, der sich, missfällt ihm etwas, nicht hinter freundlichen Floskeln versteckt.

Ich hole das *Lexikon der Mensch-Tier-Beziehungen* hervor, das ich mir ausgeliehen habe. Beim Stichwort *Persönlichkeit* lese ich: »Eine eingehende Diskussion des Begriffs Tierpersönlichkeit ist bisher nicht geleistet worden. Wenn man allerdings [...] davon ausgeht, dass sich die individuelle Persönlichkeit aus Beziehungen und Rollenzuschreibungen heraus entwickelt, ist der in der Anthropologie etablierte Begriff durchaus analog auf Tiere anwendbar. ›Persönlichkeit‹ meint dann die unverwechselbare Einzigartigkeit eines tierlichen Individuums in seinem Charakter, seinem Verhalten, seinen Beziehungen und seiner Lebensgeschichte. [...] Der Versuch, die Individualität eines Tieres geisteswissenschaftlich zu erfassen, setzt am besten bei der analogen Verwendung bewährter Konzepte zur Erfassung menschlicher Individualität an. Diese bieten sich vor allem in den an Sören Kierkegaard orientierten Konzepten des französischen Existenzialismus bzw. der deutschsprachigen Existenzphilosophie und -theologie an. [...] Bisherige Tierethik ist vor allem Normethik [...]. Ohne diese Normethik aufzugeben, müsste ihr eine am individuellen Tier orientierte ›Existenzialethik‹ zur Seite gestellt werden, die Menschen im Umgang mit Tieren dazu anleitet, auch deren individuellen Bedürfnisse und Möglichkeiten zu berücksichtigen und diese entsprechend zu behandeln«, schreibt Michael Rosenberger.

Mit Kierkegaard kenne ich mich nicht aus, auch bin ich kein Spezialist der Existenzphilosophie. Aber ich brauche nur daran zu denken, mit welcher umwerfenden Gelassenheit sich Lentille während Stunden dem Wiederkäuen widmet, um zu erahnen, dass ich diese Kuh wohl nur werde verstehen können, wenn ich das Wissen aus den naturwissenschaftlichen Studien mit einer guten Portion Existenzialismus unterfüttere. Habe ich die Frage, ob Lentille trauert, damit immerhin in ein besseres Licht gerückt?

Was die mich aus dem Laufhof schmeißende Galia angeht, so geht mir tags darauf, noch verschlafen hinter Frühstücksflocken sitzend, ein Licht auf. Vor zwei Wochen haben Michaël und ich den Stall in einen Friseursalon verwandelt: Da die Kühe winters ein ziemlich langes Fell entwickeln, das ihnen in einem mehr oder weniger geschlossenen Stall nicht nur zu viel Wärme schenkt, sondern auch Haarparasiten ein wunderbares Habitat bietet, ist es üblich, den Kühen die Haare zu schneiden. Das geschieht mit einer Dompteuse, und damit die Arbeit sorgfältig ausgeführt werden kann, müssen die Tiere ruhig stehen bleiben. Bei erwachsenen Kühen ist das nicht besonders schwierig, manchen scheint die Prozedur gar angenehm; junge Rinder hingegen lassen sich allein aufgrund des unangenehmen Geräuschs der kleinen Haarschneidemaschine stark irritieren.

Um den schwierigeren Teil der Arbeit rasch hinter uns zu bringen, begannen Michaël und ich bei den Jungtieren. Erst bei Jade und Silex, den beiden jungen Stieren, was nach anfänglicher Unruhe erstaunlich gut klappte, besonders bei Jade, der derart umgänglich und angenehm war, wie ich es bei einem jungen Stier selten erlebt habe. Dann war Alchémie an der Reihe. Um sie ruhig halten zu können, war es unumgänglich, auch ihr ein Halfter umzubinden – in ihren bisherigen fünf Lebensmonaten war sie jedoch nie einem Halfter begegnet. Auch das hat mit dem alten Stall zu tun: Die jungen Tiere können aus baulichen Gründen beim Fressen nicht in Fanggittern fixiert werden; es gibt solche Gitter schlicht nicht. Das mag besonders tierfreundlich anmuten; Kälber wissen es sicherlich zu schätzen, wenn ihnen beim Fressen nicht die Bewegungsfreiheit genommen wird. Allerdings machen es derartige Einrichtungen eben auch möglich, bereits ganz junge Tiere in aller Ruhe und über Wochen hin mit einem Halfter vertraut zu machen und ihnen späteren Stress zu ersparen.

Während Michaël kurz in der Küche etwas erledigte, ging ich schon einmal ins Abteil von Page, Églantine und Alchémie. Ich beschloss, Alchémie bereits jetzt das Halfter überzuziehen, damit sie sich vielleicht, wenn Michaël mit der Dompteuse zurückkommen würde, bereits halbwegs beruhigt hätte.

Alchémie ist zutraulich und verspielt, es war leicht, ihr das Halfter überzustreifen. Als ich aber den Knoten festzurrte und das immerhin circa zweihundert Kilogramm auf die Waage bringende Kalb realisierte, dass dieses fremdartige Geflecht aus Strickschnüren nun nicht nur fest um ihr Gesicht gebunden war, sondern mir erlaubte, es festzuhalten, geriet das Tier in Panik. Alchémie tobte, schlug aus, schüttelte wild den Kopf, mobilisierte all ihre Kräfte – und ich, am anderen Ende des Stricks, konnte mich kaum auf den Beinen halten. Dann versuchte Alchémie zu flüchten, einfach wegzurennen, donnerte alsbald mit dem Kopf gegen die Wand, ich donnerte mit der Hüfte an die Kante des Futtertrogs, schlug mir den Handrücken an einer Metallkante blutig. Unbedingt wollte ich loslassen, augenblicklich, um diese Panik zu beenden – und ebenso wollte ich den Strick unbedingt weiterhin halten, weil Alchémie ja trotzdem würde still stehen müssen, weil es anders nicht geht, wenn wir nicht riskieren wollen, den Stall und die Herde voller Haarparasiten zu haben. Also ließ ich nicht los; der Kampf zog sich unschön in die Länge.

Irgendwann verstand Alchémie dann doch, dass nichts Schlimmes mit ihr geschieht; sie wurde ruhiger, ich wurde ruhiger, ich leckte mir das Blut vom Handrücken und wir schnitten ihr die Haare.

Und erst heute, zwei oder drei Wochen später, was mich restlos beschämt, realisiere ich, dass Galia, Alchémies Mutter, nicht weit weg vom Kälberabteil ihren Platz hat, dass Galia also sicherlich mitbekommen, sicherlich gehört, womöglich gar gesehen hat, dass ich ihrer Tochter derartigen Stress bereitet habe. Weswegen ich, so meine Erklärung, für Galia nun eine potenzielle Bedrohung ihrer Tochter darstelle und sie mich nicht länger toleriert in einem Laufhof, in dem sich auch Alchémie aufhält.

Ich habe keinen Beleg dafür, dass diese Erklärung zutrifft. Es lässt sich lediglich argumentieren, es mangle dieser Erklärung an nichts, um plausibel zu sein.

In den Studien, die ich zum Thema Emotionen bei Tieren lese, geht es oft darum, wie Gehirne aufgebaut sind. Die einst vorherrschende Meinung, nur ähnlich aufgebaute Gehirne würde Gedanken und Gefühle in ähnlicher Weise verarbeiten, ist von der Forschung weitgehend aufgegeben worden, denn auch Tiere, die sich bezüglich ihrer Hirnanatomie deutlich unterscheiden, zeigen ganz ähnliche Verhaltensweisen. Auch wird in diesen Studien immer wieder thematisiert, wie groß die Gefahr sei, Tieren gefühlsmäßig zuzuschreiben, was wir nur beim Menschen abklären können – diese Warnung geht jeweils einher mit der Erinnerung daran, dass Wissenschaft, um überhaupt Fragen formulieren zu können, letztlich doch genau auf derartige Anthropomorphismen angewiesen sei.

Gemünzt auf Galia, gemünzt auf den Umstand, dass ich nicht belegen kann, ob sie mich aus dem Laufhof geschmissen hat, weil sie mich als potenzielle Bedrohung sieht für ihre Tochter, kann ich mir Folgendes vorstellen: Nehmen wir an, ich würde im Treppenhaus dem Sohn meiner Nachbarin aus welchen Gründen auch immer mit einer Ohrfeige drohen. Und zwei Wochen später würde mir die Nachbarin, statt mich wie bisher überaus freundlich zu grüßen, die Tür vor der Nase zuknallen. Auch hier liegen keine Belege vor für einen kausalen Zusammenhang. Bloß würde hier auch niemand nach Belegen fragen.

14

Die Tage strecken sich, die abendliche Dämmerung trödelt, und morgens zählt die Sonne am Horizont die Tannen. Mit jedem beginnenden Tag stemmt sie sich einen Meter weiter östlich und einen Zacken früher über die fein ziselierte Linie des Horizonts. Tagsüber schmilzt der Schnee, nachts tragen die Winde neuen heran. Im Laufhof bespringt der zuverlässige Eol die stierige Lentille, der Januar liegt mit seinen Zeitungen vor dem Holzofen, bereit, verfeuert zu werden, und die Wand aus Heu, an der sich Michaël täglich mit der gewinkelten Heugabel zu schaffen macht, ist um mindestens sieben Meter zurückgewichen.

Um mit meiner Lektüre von Studien zum Thema Persönlichkeit bei Nutztieren nicht länger allein zu sein und endlich jemanden fragen zu können, ob Kühe trauern, schreibe ich eine Mail an Sara Hintze. Sie ist Veterinärmedizinerin und arbeitet am Institut für Nutztierwissenschaften der Universität für Bodenkultur Wien. Mitgewirkt hat sie auch an der Studie *Towards a Positive Welfare Protocol for Cattle,* und ihr Name ist mir in meiner Recherche wiederholt begegnet, weil sie Ratten kitzelt, Pferde massiert und

Schweine in die Langeweile schickt – immer mit der Frage, wie sich Gefühle von Tieren wissenschaftlich erfassen lassen und wie sich das Wohl der Tiere in der landwirtschaftlichen Praxis verbessern ließe.

Während einiger Tage bleibt meine Mail ohne Antwort; dann schreibt mir Frau Hintze, ich möge sie entschuldigen, sie habe gerade viel zu tun mit den Ferkeln für ihre Untersuchungen zum Thema Langeweile; ob es mir etwas ausmachen würde, wenn sie mir mittels Sprachnachrichten antworten würde?

Sie haben sich eingehend mit dem Thema Tierpersönlichkeit beschäftigt. Mit der Einsicht, dass unsere Nutztiere eine Persönlichkeit besitzen und individuell unterschiedlich auf äußere Umstände reagieren, ist auch Tierwohl zu einer individuellen Frage geworden. Müssen wir den Begriff Tierwohl neu denken?

Ja, es ist sicherlich notwendig, diesen Begriff neu zu denken, wenn wir die Persönlichkeit der Tiere berücksichtigen wollen. Aber so, wie die Tierhaltung momentan aussieht, ist das leider noch nicht realistisch. Gerade wenn wir über Tierwohlbeurteilung sprechen, bleibt das Individuum oft unberücksichtigt. Bei Rindern wird zwar, auch der Größe der Tiere wegen, aufs Individuum geschaut. Aber wenn man zehntausend Hennen oder mehr in einem Stall hält, wird individuelles Beurteilen etwas schwierig.

Ist die Tatsache, dass Tiere eine Persönlichkeit aufweisen, ein starker Grund, die Massentierhaltung zu beenden?

In vielen Fällen sind Betriebe wirklich zu groß, um das Tierwohl gut im Auge haben zu können. Aber es gibt keine klare Korrelation, es lässt sich nicht sagen: je größer, desto schlechter. Oft ist auf großen Betrieben das Management besser oder das Wissen besser als auf weniger großen Betrieben. Größere Betriebe können oft auch mehr investieren, auch in gute Einrichtungen. Es kommt eben immer auf die Menschen an.

Dass es auch zu große Betriebe gibt, ist keine Frage. Und das bezieht sich nicht nur auf das Tierwohl, auch auf Umweltaspekte: Nitratbelastungen, Futterimporte ... da gibt es viele Faktoren, die berücksichtigt werden müssen.

Aber es stimmt: Wenn man die Sache mit der Persönlichkeit von Tieren und dem Individuum ernst nimmt, dann ist es tatsächlich nur möglich, eine kleine Anzahl Tiere zu halten: Man muss sie auseinanderhalten können. Das gilt, nebenbei bemerkt, auch für Fische.

Persönlichkeit bildet sich durch Umwelteinflüsse und Genetik – und diese genetische Komponente wird in der Tierzucht meist verwendet, um den landwirtschaftlichen Nutzen zu steigern. Ein großer Milchviehbetrieb züchtet zwar auf Milchleistung, aber die Kühe sollen auch unkompliziert genug sein, um allein in den Melkroboter zu gehen. Halten Sie es für verwerflich, nicht das Haltungssystem den Tieren, sondern die Tiere dem Haltungssystem anzupassen? Oder kann es dank der Zucht von Persönlichkeitsmerkmalen gelingen, eine Tierhaltung zu betreiben, in der kein Leid entsteht, weil alle Tiere charakterlich angepasst worden sind?

Eine sehr gute Frage. Gerade schreibe ich zusammen mit einer Philosophin ein Buchkapitel über dieses Thema, für ein Buch über Tierethik. Es geht hier um *disenhancement*, also um die Frage, ob wir Tiere so modifizieren sollten, dass sie einfach nicht mehr leiden können, und damit weniger Leid in der Tierhaltung haben.

Die Philosophin und ich, wir argumentieren gegen diese Idee. Ich plädiere unbedingt dafür, dass wir das Haltungssystem dem Tier anpassen und nicht umgekehrt. Die Diskussion ist schwierig, das geht schnell ins Ethische, weg vom Tierwohl. Denn wenn ich nicht leiden kann, und ich, rein hedonistisch betrachtet, die Freude maximieren und das Leid minimieren will, könnte ich ja sagen: Wenn ich nicht leiden kann, ist alles in Ordnung.

Das geht aber einher mit vielen anderen Aspekten, wie zum Beispiel mit der Diversität der Empfindungen, mit der Frage, ob wir nicht manchmal ein bisschen etwas Negatives brauchen, um Positives als positiv wahrnehmen zu können. Mit der Frage, ob zu einer Persönlichkeit nicht auch der Umgang mit negativen Aspekten gehört, also zum Beispiel wie ich mit Trauer umgehe, wie ich mit Streit umgehe. Versöhnung gibt es nur, wenn es vorher auch einen Konflikt gab, das ist ja alles ganz wichtig für soziale Beziehungen und Interaktionen.

Es wurde in Sachen Ängstlichkeit von Tieren ja schon sehr viel gezüchtet: Der gesamte Domestikationsprozess dreht sich hauptsächlich um Ängstlichkeit. Die Wilden, Gefährlichen haben es nicht geschafft, es wurde selektioniert auf die etwas Zahmeren, die Umgänglicheren, die weniger Ängstlichen, die dann zum Beispiel auch in den Melkroboter gehen. Aber ja, ich plädiere ganz stark und mit unterschiedlichsten Argumenten dafür, dass wir das Haltungssystem dem Tier anpassen und nicht umgekehrt.

Evolutionsbiologisch betrachtet ist eine Vielzahl verschiedener Persönlichkeitsmerkmale für die Entwicklung einer Population wichtig. In der Nutztierhaltung ist Evolution jedoch ersetzt durch Zucht; fällt dieses Argument also weg, wenn wir von Nutztieren sprechen? Anders gefragt: Fehlt etwas in einer Kuhherde, wenn sie ausschließlich aus mutigen, sich technischen Einrichtungen gegenüber nicht scheu zeigenden Kühen besteht?

Darauf gibt es keine klaren Antworten, denn es gibt keine empirisch erhärteten Daten. Aber ich kann aus der Praxis berichten: Wir haben jetzt in unserer Langeweile-Studie mit den Ferkeln, bevor sie bei uns eingezogen sind, einen Persönlichkeitstest absolviert. Wir haben sie dabei eingeteilt in drei Gruppen: in proaktive Tiere, in reaktive Tiere und in intermediäre Typen. Wir haben die Tiere viermal getestet, und natürlich ist man in der Forschung besonders interessiert an den Extremen, also an den sehr proaktiven und den sehr reaktiven Tieren. Wir haben uns gefragt, ob wir einfach diese Tiere nehmen sollten und schauen, wie unterscheiden die sich hinsichtlich des Trainingserfolgs, wie reagieren sie auf ihre Haltungsumgebungen. Aber ich habe argumentiert, dass es problematisch sei, wenn wir nur die Extreme nehmen, denn dann haben wir keine natürliche Konstellation mehr, denn die Intermediärtypen machen nun mal den größten Teil aus, achtzig Prozent. Wenn wir die weglassen, haben wir eine sehr künstliche Gruppenzusammensetzung.

Diese Vielfalt in den Persönlichkeiten braucht es auch für eine gute soziale Struktur. Vereinfacht kann man sagen, dass es zum Beispiel bei Schweinen in homogenen Gruppen zu vielen Kämpfen kommt. Einfach weil nicht klar ist, wer steht über wem, wie ist die Rangfolge. Und je heterogener die Gruppe, desto klarer ist die Rangordnung. Das ergibt oft sehr viel friedlichere Gruppen.

Bei den Bullen sehen wir das auch. Wenn wir nur

junge Bullen beisammenhaben, ist da viel Unruhe in der Gruppe. Aber zusammen mit adulten Tieren, mit subadulten Tieren, dem Nachwuchs, gleicht sich das stark aus. Klar, jetzt argumentiere ich mit dem Alter, aber mit dem Kriterium der Persönlichkeit funktioniert das eben genauso. Auch beim Menschen ist das ja nicht anders: In einer Arbeitsgruppe, in einer Familie braucht es verschiedene Typen, die sich ergänzen, die Verschiedenes abbilden, und es ist das Gesündeste, diese Diversität zu haben.

Lentille, eine junge Kuh, hat im Spätherbst nach einer schwierigen Geburt nur noch ein totes Kalb zur Welt bringen können. Kann ich wissen, ob Lentille trauert?

Das Problem ist, dass wir dazu nur ganz wenig wissen, und wenn wir etwas über Trauer bei Tieren wissen, dann geht es dabei meist um eher anekdotisches Wissen und es bezieht sich meist nicht auf die von uns landwirtschaftlich genutzten Tiere. Persönlich kann ich sagen: Ich habe keine Zweifel, dass diese Tiere trauern. Aber ich kann das leider wissenschaftlich überhaupt nicht belegen. Was natürlich ein bisschen traurig ist.

Haben Tiere eine Persönlichkeit oder sind Tiere Persönlichkeiten?

Ja, Tiere sind Persönlichkeiten. Ich finde es ganz wichtig, dass man sich das bewusst macht. Wer mit Tieren täglich arbeitet, sei das jetzt ein Pferd oder ein

Hund, oder wenn ich als Landwirtin mit den Tieren arbeite, wenn ich die Kühe melke, ich glaube, dann ist das einfach jedem ganz klar. Aber wir müssen das auch in der Forschung berücksichtigen und auch der Konsumentin, dem Konsumenten klarmachen. Also, ich glaube schon, dass das ein Riesenproblem ist, diese Distanz, die der normale Stadtmensch gegenüber landwirtschaftlich genutzten Tieren hat. Ein Riesenproblem, dass kaum jemand weiß, wie ein Schwein tickt, was ein Schwein eigentlich machen würde, wie ein Schwein eigentlich gehalten wird, und noch dazu, dass Schwein A nicht gleich Schwein B ist, und dass da wirklich eine Persönlichkeit in jedem Individuum steckt. Das müssen wir mehr nach außen tragen.

CH
4521

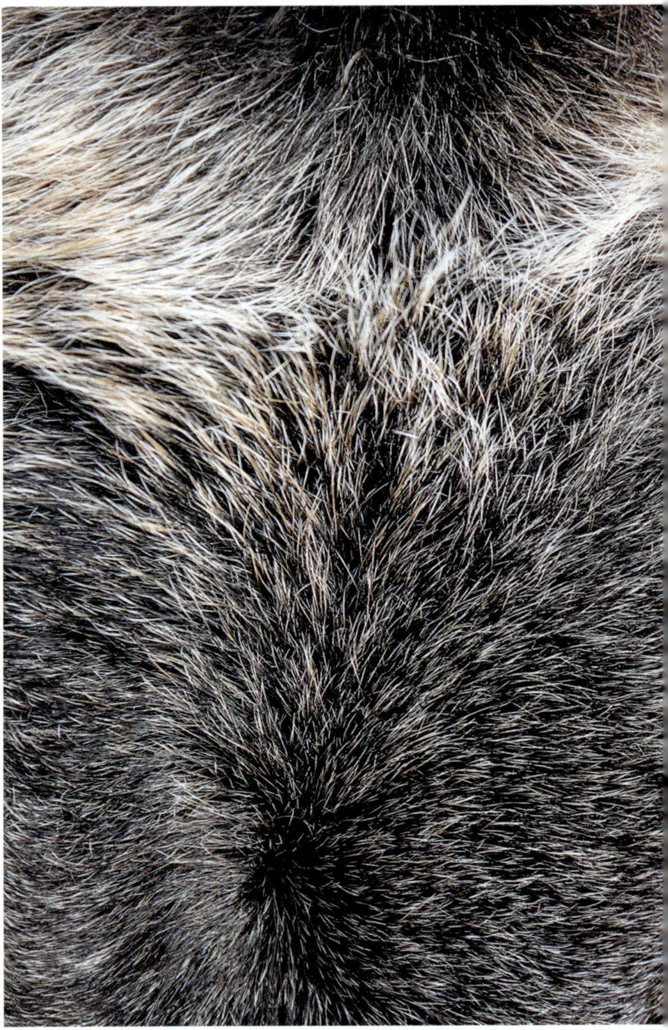

7592

1509 8
1509 8

15

Meine Frage, wie sich Lentille nach der Totgeburt ihres ersten Kalbes fühlt, wird sich also nur sehr vage beantworten lassen, indem ich Lentille weiterhin beobachte, indem ich in ihrem Verhalten weiterhin zu lesen versuche.

Der Begriff *Auseinandersetzungsfähigkeit* kommt mir in den Sinn, der mir zum Thema Tierwohl begegnet ist und der mir zunehmend einleuchtet. Ein gutes Tierwohl, so die Idee, liege vor, wenn ein Tier über die Möglichkeit verfügt, sich mit seiner Umwelt auseinanderzusetzen. Wie diese Auseinandersetzung nach einer Totgeburt aussehen könnte, ahne ich freilich nicht, aber ich muss an Galia denken, die mir, indem sie meine Anwesenheit im Laufhof deutlich abgelehnt hat, ein gutes Beispiel einer sich auseinandersetzenden Handlung gegeben hat.

Als ich mich eine Woche später wieder zu Galia in den Laufhof wage, fühle ich mich, als stünde ich mit Blumen vor der Tür meiner Nachbarin, bereit zu klingeln und mich für den groben Umgang mit ihrem Sohn zu entschuldigen.

Galia verhält sich reserviert, unzugänglich, eine

höchst ungemütliche Spannung liegt in der Luft, aber es ist kein Zorn mehr da, sie richtet ihre Hörner nicht mehr auf mich, schmeißt mich nicht raus.

Ich bleibe auf der Hut; auch wenn ich bei Susi stehe oder bei Ambre, nie lasse ich außer Acht, wo und in welcher Position sich Galias Hörner befinden.

Noch eine Woche später lässt Galia es zu, dass ich mich der neben ihr stehenden Alchémie nähere. Alchémie scheint überhaupt nicht nachtragend, sie scheint die Panik, die sie meinetwegen erlitten hat, vergessen zu haben, und zieht, kaum berühre ich sie, sogleich ihren Hals in die Länge, damit ich ihn besser massieren kann. Galia lässt mich keine Sekunde aus den Augen, beobachtet auf das Genaueste, wie ich ihre Tochter behandle. Es vergeht vielleicht eine Viertelstunde, bis Galia eine Berührung von mir toleriert. Von einer Massage will sie aber nichts wissen; ich verstehe, ich werde viel arbeiten müssen, um ihr Vertrauen zurückzugewinnen.

Stehe ich mit den Kühen im Laufhof, wird mir immer auch deutlich: Die Art und Weise, wie eine Kuh den Kopf hält, wie sie die Hörner positioniert und bewegt, ist stets aussagekräftig, stets der Kommunikation verpflichtet und zugleich Ausdruck der etablierten Rangordnung. Orée zum Beispiel, deren Hörner einen schönen, halbrunden Bogen bilden, sodass die Hornspitzen schon fast nach innen, zu ihrer Stirn hin zeigen, hat kaum realistische Aussichten, jemals die Rolle der Leitkuh zu übernehmen – sie könnte sich in rangordnungsrelevanten Kämpfen nur schlecht behaupten.

Für Kühe ist die herdeninterne Rangordnung täglich von großer Bedeutung; ist sie einmal festgelegt, muss nicht mehr debattiert werden, wer wem den Vortritt zu gewähren hat, wenn sich auf der Weide der Weg zweier Kühe kreuzt. So muss sich die rangniedrige Orée, wenn sie zum Wassertrog gehen will, einen Weg suchen, auf dem sie den ranghöheren Kühen nicht zu nahe kommt. Will hingegen Galia zum Wassertrog gehen, kann sie den kürzesten Weg nehmen, die Luftlinie; sie muss lediglich kurz ihre Hornspitzen nach vorne schwenken, und schon ist allen klar, sie müssen Platz machen für die Chefin.

Amina zeigt sich manchmal zickig und rammt dann ohne ersichtlichen Grund zum Beispiel Lentille ihre spitzen Hörner in die Rippen. Normalerweise werden die Hörner aber überhaupt nicht physisch, sondern schlicht kommunikativ verwendet. Die Aufforderung, aus dem Weg zu gehen, die Mitteilung, es bestehe kein Interesse zu Kontakt, wie auch die Bitte, geleckt oder gekratzt zu werden: Das alles geschieht subtil über Haltung und Positionierung der Hörner, ohne Körperkontakt, oft über eine Distanz von mehreren Metern.

Auch in der Körperpflege übernehmen die Hörner wichtige Aufgaben. So verwenden Kühe ihre Hörner nicht bloß, um sich, wo's juckt, zu kratzen; gute Freundinnen kratzen sich auch gegenseitig mit den Hornspitzen. Und manchmal zeigt sich gar, dass sich eine Kuh an der Hornspitze einer anderen Kuh den Rand ihres Auges reinigt – millimetergenaue, ungemein sorgfältig ausgeführte und auf riesigem Vertrauen aufbauende Körperpflege.

Oft vergesse ich, dass die allermeisten Kühe heute ohne Hörner leben. Als Gefährdung für Mensch und Tier gelten diese Hörner, nicht als Schmuck und Ausdruck unverwechselbarer Persönlichkeit. Entweder wird jungen Kälbern in den ersten Lebenswochen mit einem Brenneisen die Anlage für die Hornbildung zerstört, oder aber die Tiere werden so gezüchtet, dass ihnen aus genetischen Gründen keine Hörner wachsen.

Im *Tierschutzbericht der Bundesregierung 2019*, dem aktuellsten von der deutschen Regierung vorgelegten Bericht dieser Art, steht zu lesen: »Das Enthornen bzw. das Veröden der Hornanlage stellt ein vollständiges oder teilweises Entnehmen oder Zerstören von Organen oder Geweben im Sinne des § 6 Absatz 1 des Tierschutzgesetzes (TierSchG) dar und ist damit grundsätzlich verboten.«

Es liegt nun nahe anzunehmen, es handle sich bei enthornten Kühen folglich um Opfer gesetzeswidriger Handlungen. Das trifft sowohl zu wie auch nicht zu, denn das Entnehmen oder Zerstören von Organen oder Geweben ist gesetzlich erlaubt, »wenn der Eingriff im Einzelfall für die vorgesehene Nutzung des Tieres zu dessen Schutz oder zum Schutz anderer Tiere unerläßlich ist«.

Die Überlegung, ein Tier müsse geschützt werden vor einem Körperteil, das natürlicherweise an ihm selber und seinen Artgenossen wächst, wirft, gelinde gesagt, eine Reihe von Fragen auf. Charles Darwin wird sich, sollte er je davon erfahren, im Grab umdrehen.

In der Praxis wird das systematische Enthornen damit gerechtfertigt, dass sich Kühe, untergebracht in großer Zahl in einem relativ engen Stall, oft erhebliche Verletzungen zufügen. Dass Kühe das tun, ist unbestritten. Fragt sich bloß, ob der Fehler beim Stall liegt oder bei der Kuh.

Abermals zeigt sich, wie machtvoll wirtschaftliche Überlegungen sind und wie leichtfertig der Mensch bereit ist, Bedürfnisse von Tieren kleinzureden oder schlicht zu ignorieren – es ist finanziell einfach wesentlich lukrativer, in einem Stall gleicher Größe statt fünfzig behornter achtzig hornlose Kühe zu halten: Für eine hornlose Kuh muss ein Laufstall in der Europäischen Union mindestens sechs Quadratmeter aufweisen, in der Schweiz zehn Quadratmeter. Für eine ihre Hörner tragende Kuh empfiehlt das Schweizer Forschungsinstitut für biologischen Landbau (FiBL) aufgrund von Erfahrungswerten hingegen eine Fläche von fünfzehn bis zwanzig Quadratmetern pro Tier. Dabei versteht sich, dass zwei Kuhhörner mit einer Länge von vielleicht je zwanzig, dreißig Zentimetern nicht fünf bis zehn Quadratmeter Fläche benötigen: Es geht hier schlicht um das elementare Bedürfnis einer jeden Kuh, sich in einem gewissen Abstand zur nächsten Kuh aufzuhalten. Und während horntragende Kühe in beengenden Verhältnissen durch vermehrte Hornkämpfe klar anzeigen, dass sie gestresst sind, weswegen sie nicht auf kleiner Fläche gehalten werden können, sind hornlose Kühe dieser Möglichkeit der Stressbewältigung beraubt; sie sind gezwungen, die Enge zu erdulden.

Immerhin: Als Folge züchterischer Bemühungen verliert das Enthornen mehr und mehr an Bedeutung; zumindest europaweit dürfte dieser sogenannte zootechnische Eingriff vielleicht schon in zehn, zwanzig Jahren der Vergangenheit angehören.

Bei diesem Thema ist entscheidend zu wissen, dass die hornlose Kuh keine Erfindung der industrialisierten Landwirtschaft darstellt. Im Gegenteil: Entstanden aus einer natürlichen Genmutation, ist das Phänomen einer hornlosen Kuh so alt wie die Kuh selbst. Das für den Hornwuchs zuständige Allel verhält sich in der Vererbung dominant; mit hornlosen Kühen lassen sich also hornlose Kühe züchten. Das wurde bereits im Alten Ägypten getan, vor rund viertausend Jahren.

Wer aber Kühe auch gern als Zugtiere nutzen und sie vor einen Karren spannen will, wer zudem ein geniales Material erhalten will für Schmuck, Werkzeuge und Knöpfe, der möchte gern eine behornte Kuh. Das gilt allgemein als Grund dafür, dass heute, nach einer mehrtausendjährigen Zuchtgeschichte, nur wenige hornlose Kuhrassen etabliert sind.

Was es bedeuten kann, wenn sich der Mensch eine seltene natürliche Genmutation in einem Tier zunutzen macht, zeigt sich in dramatischer Weise bei einer in Belgien verbreiteten Kuhrasse, den sogenannten Weißblauen Belgiern. Die Mutation sorgt dafür, dass diese Kuh auf Hüften und Hinterbeinen eine doppelte Muskulatur entwickelt. Das Tier sieht zwar unnatürlich verformt aus, aber durch das zusätzliche Muskelwachstum kann der Mensch von einem solchen Tier deutlich mehr Fleisch gewinnen. Die groteske Bemuskelung sorgt hingegen auch dafür, dass diese Kühe in den allermeisten Fällen auf natürlichem Weg keine Kälber gebären können – es existieren Betriebe, auf denen hundert Prozent der Kälber durch einen Kaiserschnitt auf die Welt gebracht werden müssen.

In der Schweiz ist die Reinzucht dieser Tiere seit 2015 verboten; in Deutschland existiert zwar kein explizites Verbot für die Reinzucht, die sogenannten Doppellender-Linien fallen aber unter das Qualzuchtverbot. Die Europäische Union hingegen scheint weit entfernt von einer derartigen Einschränkung züchterischer Tätigkeiten.

Die Frage, ob der Mensch eine natürlich auftretende Genmutation verwenden darf, um den Nutzen zu vergrößern, den er von einem Tier hat, ist ethisch gewiss nicht leicht zu beantworten.

Die Eidgenössische Ethikkommission für die Biotechnologie im Ausserhumanbereich (EKAH) arbeitet in ihren Überlegungen auch mit dem Begriff der Würde, der im Schweizerischen Tierschutzgesetz verankert ist. In ihrem Bericht *Die Würde des Tieres*, publiziert 2001, schlägt die Kommission vor, den Eingriff ins Erscheinungsbild eines Tieres nicht nur im Hinblick auf die äußere Erscheinung zu beurteilen, sondern auch im Hinblick auf die Fähigkeiten eines Tieres.

Diesbezüglich wäre beim Weißblauen Belgier nicht nur, aber vor allem zu diskutieren, ob sich in ethischer Hinsicht vertreten lässt, Kühe zu halten und weiter zu züchten, deren Muttertiere die Fähigkeit verloren haben, Kälber zu gebären, ohne operiert werden zu müssen.

Gewiss, eine Kuh, die ohne Hörner lebt, hat keine überlebenswichtigen Fähigkeiten verloren. Und doch muss es ethisch als fahrlässige Unterlassung gelten, dass kaum je diskutiert worden ist und auch heute nicht diskutiert wird, welche Fähigkeiten der Mensch einer Kuh raubt, indem er sie hornlos züchtet.

Mit einem Horn pflegt eine Kuh sich selber und andere, sie kommuniziert, verschafft sich Respekt ohne Körperkontakt, sie verteidigt sich, unterhält Freundschaften, indem sie spielerisch kämpft, sie ist nach ernsthaft ausgetragenem Kampf sicher, ihre Position innerhalb der Herde respektiert zu erhalten – und sie kann unliebsames Hofpersonal aus dem Laufhof schmeißen.

Weil wissenschaftlich geklärt ist, dass sich menschliche von nicht-menschlichen Tieren biologisch-anatomisch nur geringfügig unterscheiden, weil zudem kognitionsbiologisch überzeugende Gründe vorliegen, das Denken und Fühlen von Tieren als nicht wesentlich anders als das menschliche Denken und Fühlen anzunehmen, liegt es nicht fern, sich bei dem Thema Hornlosigkeit vorzustellen, als Mensch ohne Fingernägel leben zu müssen. Die Frage, ob ich es vorzöge, mir die Hornanlage an meinen Fingerspitzen wenige Tage nach meiner Geburt wegbrennen zu lassen oder ob ich lieber zusähe, wie mir aus genetischen Gründen keine Fingernägel wachsen, erscheint in diesem Gedankenspiel eher nebensächlich. Zwar würde ich nicht behaupten, ich hätte partout meine Fingernägel nötig, um mein Glück zu finden. Allerdings sind sie mir, ethologisch gesprochen, ein wichtiges Werkzeug zur Ausführung meines täglichen Normalverhaltens, meiner taktilen Wahrnehmungen und meiner Körperpflege.

Die Ethikkommission schreibt: »Wir missachten die Würde eines Tieres, wenn wir seine allfällige Beeinträchtigung nicht zum Gegenstand einer Güterabwägung machen, ihr also nicht Rechnung tragen, sondern selbstverständlich von einem Vorrang der Interessen des Menschen ausgehen.«

Genau diese Abwägung allfälliger Beeinträchtigungen bleibt aber in der Zucht von hornlosen Kühen vollständig aus. Und während ein Eingriff in das äußere Erscheinungsbild eines Tieres oft durch tausendfache Wiederholung in seiner Bedeutung abgeschliffen und normalisiert wird, bleiben Eingriffe in bestimmte Fähigkeiten von Tieren oft überhaupt vollkommen unbeachtet.

Eine Kuh der Rasse Weißblaue Belgier wirkt aufgrund ihrer verdoppelten Muskulatur in meinen Augen absurd verunstaltet. Lebte ich in Belgien, wo fünfundvierzig Prozent der Kühe dieser Rasse angehören, stünden die Chancen jedoch gut, dass ich diese Zucht für normal und unbedenklich hielte. In gleicher Weise erscheint es heute vielen Menschen als normal und unbedenklich, wenn sie Kühe ohne Hörner sehen.

Die Ethikkommission schreibt: »Der Eingriff in die Würde von Tieren ist umso strenger zu beurteilen, je gravierender er für die betroffenen Tiere ist und je belangloser – oder doch verzichtbarer – für den Menschen.«

Ethisch betrachtet stehen sich in einer Güterabwägung also folgende Seiten gegenüber: Hier die Kuh, die ohne Hörner auf die unterschiedlichsten, in ihrem sozialen Alltag und ihrer Körperpflege bedeutsamsten Funktionen verzichten muss. Auf der anderen Seite der Mensch, dessen Vorteile darin bestehen, mehr Geld zu verdienen und nie der bei einem ruhigen und achtsamen Umgang ohnehin geringen Gefahr eines Hornstoßes ausgesetzt zu sein.

Fragt sich, was als verzichtbarer gelten kann.

16

Viel über Tierwohl zu lesen und gleichzeitig auf einem Hof zu arbeiten, in dessen Tierhaltung natürlich auch nicht jedes Detail perfekt ist, löst bisweilen ambivalente Gefühle in mir aus. Jedes Mal, wenn ich den Stall betrete, möchte ich am liebsten sofort über dem Futtertrog der Jungtiere ein Fanggitter bauen, damit künftig jedes Tier, am besten bereits in den ersten Lebenswochen, ein kleines Halftertraining absolvieren könnte. Und überhaupt sollten die Kuhpersönlichkeiten einen Freilaufstall und eine auf ihre Persönlichkeit zugeschnittene Betreuung erhalten. Leider aber wird der Hof, wenn wir in der Tierhaltung noch mehr Zeit aufwenden als ohnehin schon, derart unwirtschaftlich werden, dass wir von dem für einen Umbau des Stalls nötigen Geld auch in zwanzig Jahren noch träumen werden.

Viel über Tierwohl zu wissen und in einer kleinen Tierhaltung zu arbeiten, fällt mir allerdings bedeutend leichter, als viel über Tierwohl zu wissen und daran erinnert zu werden, wie mit Nutztieren üblicherweise umgegangen wird.

»In vielen der gängigen Tierhaltungssysteme besteht ein hohes Risiko für das Auftreten von Schmerzen, Leiden und Schäden für die Tiere – vor allem in der Schweine- und Geflügelhaltung sowie intensiven Rindermast, aber auch in Teilen der Milchviehhaltung«, schreibt der Wissenschaftliche Beirat für Agrarpolitik in seinem 2015 publizierten Gutachten *Wege zu einer gesellschaftlich akzeptierten Nutztierhaltung.* »Vorherrschende Systeme setzen für ihre ungestörte Funktion vielfach schmerzhafte Eingriffe am Tier voraus [...] oder drohen die Anpassungsfähigkeit der Tiere zu überfordern. In der Folge ist ein zum Teil hohes Ausmaß an Verhaltens- und Gesundheitsstörungen der Nutztiere zu verzeichnen, die in vielen Fällen aus der Beschränkung der Möglichkeit, artgemäßes Verhalten auszuführen, und in einem verbesserungswürdigen Management resultieren. [...] Vielfach sind die Chancen der Nutztiere, positive Emotionen zu erleben, gering. [...] Viele der derzeitigen Haltungsbedingungen sind aus fachlicher Sicht in weiten Teilen nicht tiergerecht.«

Dass hier kein speziell deutsches Problem vorliegt, macht Donald M. Broom deutlich, ein emeritierter Cambridge-Professor, der sich seit Jahrzehnten mit wissenschaftlichen Fragen zur Tierhaltung beschäftigt. Im Jahr 2017 hat er einen Bericht zuhanden des Europäischen Parlaments verfasst mit dem Titel *Das Wohlergehen von Tieren in der Europäischen Union.* In der intensiven Haltung von Masthühnern sieht Broom den gravierendsten Missstand; auch aufgrund der riesigen Anzahl der gehaltenen Tiere von Hunderten von Millionen von Tieren. »Das im Hinblick auf das Wohlergehen von Tieren in der EU meiner Auffassung nach zweitgrößte Problem sind hochleistende Milchkühe [...]. Bei Milchkühen, die große Milchmengen produzieren, ist die Zahl der Tiere mit Beinerkrankungen, Mastitis und Fortpflanzungskrankheiten sehr hoch. Ein hoher Anteil der Kühe leidet an einer oder mehreren dieser Krankheiten und die Tiere leben für einen beträchtlichen Teil ihres Lebens mit schlechtem Wohlergehen. Aus diesem Grund ist das Gesamtausmaß dieses Missstands sehr groß, auch wenn die Zahlen der betroffenen Einzeltiere nicht die größten Zahlen sind. Der Missstand wird von keiner EU-Rechtsvorschrift verhindert.«

Um zu verstehen, was die geldgerechte Haltung von Milchkühen für diese Tiere bedeuten mag, muss hingegen niemand ausführliche Berichte lesen. Es reicht ein Blick in die Statistik, in die auch amtlich ausgewiesenen Zahlen zu der sogenannten Nutzungsdauer von Milchkühen.

Unter Nutzungsdauer wird jener Zeitraum verstanden, in dem eine Milchkuh für den Menschen ihren Nutzen bringt. Er beginnt, nachdem die Kuh ihr erstes Kalb zur Welt gebracht hat (wobei auch ihre erste

Laktation beginnt), und er endet, wenn die Kuh nicht mehr gemolken werden kann.

»Nur ein Drittel der deutschen Milchkühe erreichen das Ende der dritten Laktation«, schreiben Alina Bauer, Holger Martens und Christa Thöne-Reineke, drei an der Freien Universität Berlin engagierte Veterinärmediziner:innen. In ihrem Artikel *Tierschutzrelevante Zuchtprobleme beim Milchvieh*, publiziert 2021 in einer tierärztlichen Fachzeitschrift, suchen die drei zu eruieren, weswegen Milchkühe oft im Alter von vier bis fünf Jahren bereits geschlachtet werden – bei einer Lebenserwartung von mehr als zwanzig Jahren.

Als besonders gravierend gilt die Situation der Klauengesundheit: »Im Mittel befinden sich pro Betrieb 26,4% lahme Tiere in der nördlichen Region und bis zu 39,7% lahme Tiere in der östlichen Region [...]. Das bedeutet, dass ein Drittel der Kühe in Deutschland lahm geht und damit Schmerzen und Leiden ausgesetzt ist.«

Die Studie zeigt auf, dass eine genetische, also züchterische Korrelation besteht zwischen Milchleistung und Erkrankungen wie Ketose, Mastitis, Fruchtbarkeitsproblemen, Embryoverlusten und Lahmheit – dass es also eine Folge der Zucht ist, wenn Milchkühe bereits in ihren ersten Lebensjahren krankheitsbedingt geschlachtet werden müssen.

Deswegen thematisieren die Autor:innen juristische Überlegungen: Sie erwähnen Paragraf 3 des deutschen Tierschutzgesetzes, der es verbietet, einem Tier außer in Notfällen Leistungen abzuverlangen, denen es wegen seines Zustandes offensichtlich nicht gewachsen ist oder die offensichtlich seine Kräfte übersteigen; sie erwähnen Paragraf 11, der es verbietet, Wirbeltiere zu züchten, wenn bei den Nachkommen die Haltung nur unter Schmerzen oder vermeidbaren Leiden möglich ist oder zu Schäden führt.

Genau wie Donald M. Broom in seinem Bericht zuhanden des Europäischen Parlaments gelangen auch diese Veterinärmediziner:innen zu dem Schluss, dass entsprechende Gesetze zwar existieren, jedoch nicht greifen.

Als Gründe für den mangelhaften Vollzug geltender Tierschutzrechte nennt Jens Bülte, Professor für Wirtschaftsstrafrecht in Mannheim, zwei Umstände: Zum einen würden Rechtsfragen auf die Ebene der Naturwissenschaft verlagert, um den Strafverfolgungsbehörden in Fragen nach dem Tierleid die Kompetenz abzusprechen. Zum anderen würden Staatsanwaltschaften und Gerichte oft behaupten, Veränderungen der aktuellen Praxis in der Nutztierhaltung seien ökonomisch unzumutbar und aufgrund des internationalen Wettbewerbs keine Alternative. So greife oft ein zwar belangloses, psychologisch jedoch effektives Argument: »Was wirtschaftlich und seit langem allgemein üblich ist, kann nicht rechtswidrig sein«, schreibt Bülte. So irrational diese Logik auch sei, sie vermittle Amtsträgern in Verwaltung und Strafverfolgung dennoch das Gefühl, systematisch verursachtes Tierleid sei ein wirtschaftlich notwendiges Übel, vor dem man besser die Augen verschließen sollte, um nicht zu erkennen, dass es sich um Straftaten handle.

In seinem Aufsatz *Zur faktischen Straflosigkeit institutionalisierter Agrarkriminalität*, publiziert 2018 in der Zeitschrift *Goltdammer's Archiv für Strafrecht*, fasst es Jens Bülte prägnant zusammen: »Eine ernsthafte Bekämpfung gravierender, systematischer institutionalisierter und strafbarer Verletzungen des Tierschutzrechts, der organisierten Agrarkriminalität, findet dagegen (noch) nicht statt. Wer eine Tierquälerei begeht, wird bestraft, wer sie tausendfach begeht, bleibt straflos und kann sogar mit staatlichen Subventionen rechnen.«

Aufgewühlt durch diese Lektüren, melde ich mich nochmals bei Sara Hintze in Wien.

Sie beschäftigen sich schon lange intensiv mit dem Wohlbefinden von Nutztieren. Erleben Sie es nicht als frustrierend, derart viel über Bedürfnisse, Fähigkeiten und Emotionen von tierlichen Individuen zu wissen und zu erleben, gleichzeitig aber zu sehen, dass die allermeisten Nutztiere unter Bedingungen leben, in welchen sie viel Leid, Schmerzen und negative Emotionen zu ertragen haben?

Ja, das ist furchtbar frustrierend. Ich habe gerade am Freitag wieder mit den Tränen gekämpft, als ich gesehen habe, wie die Sauen gehalten werden, und frage mich schon sehr, sehr oft, also nicht als Wissenschaftlerin, sondern schlicht als Mensch, was wir uns eigentlich rausnehmen als Menschen. Wie wir auf die absurdesten Ideen kommen, mit Tieren umzugehen, wie wir Tiere halten, wie wir Tiere versuchen zu managen, indem wir einfach alles abschneiden, was uns irgendwie nicht passt, Schwänze kupieren, Zähne schleifen, Schnäbel kupieren. Ja, es ist ganz, ganz viel Wissen da, und es wird einfach nicht umgesetzt. Und ja, da ist eine ganz große Frustration vorhanden, ein riesiger *mismatch* existiert zwischen dem vorhandenen Wissen und dem, was sich umsetzen lässt. Das System der Nutztierhaltung ist einfach ganz schön verfahren, es hat als System ein Riesenproblem.

17

Obwohl hier die Milchviehhaltung in weiten Teilen noch deutlich weniger industriell geprägt ist und die Herden im Durchschnitt deutlich kleiner sind als Kuhherden in Deutschland, werden auch in der Schweiz Milchkühe lediglich fünf oder sechs Jahre alt, ehe sie wegen gesundheitlicher Schwierigkeiten geschlachtet werden.

Seit dem Frühjahr 2020 und noch bis ins Jahr 2025 läuft genau aus diesem Grund ein breit angelegtes Projekt mit dem Titel: »Erhöhung der Nutzungsdauer schweizerischer Milchkühe. Einflussfaktoren, Zukunftsszenarien und Strategieentwicklung«. In diesem auch als spartenübergreifender Dialog konzipierten Vorhaben sollen Institutionen der Forschung, Landwirtende wie auch Branchenorganisationen und weitere Beteiligte jene Faktoren herausarbeiten, die das Leben von Milchkühen in der Schweiz verkürzen. Ziel ist es, die Nutzungsdauer von Milchkühen langfristig deutlich nach oben zu korrigieren.

Die Federführung dieses Projektes liegt beim Forschungsinstitut für biologischen Landbau, domiziliert im aargauischen Frick. Christophe Notz, Veterinärmediziner und Mitarbeiter des Projekts, erklärt mir am Telefon:

Wir vom FiBL wollten diese Themen schon länger anschauen. Denn eine Nutzungsdauer von Milchkühen, wie wir sie heute haben, ist wirklich jenseits von Gut und Böse. Man kann sagen, dass die Kühe heute als junge Erwachsene aus der Produktion fallen. Es geht dabei zuerst einmal ums Tier selber, also um tierethische Fragen. Darüber hinaus aber auch um Ressourcenverbrauch, Ökonomisches und Klimaverträglichkeit. Wenn wir die Nutzungsdauer von Milchkühen verlängern können, entstehen in der Milchproduktion weniger klimaschädliche Gase.

Wer sich anschaut, an welchen Krankheiten viele Milchkühe heute leiden und nach welch kurzer Lebenszeit sie aufgrund körperlicher Probleme geschlachtet werden müssen, dem drängt sich die Frage auf: Haben sich die für diese Zucht verantwortlichen Menschen, die Landwirtinnen und Landwirte, von ihren Kühen entfremdet?

Der Mensch will sich messen. Zuchtverbände werden dominiert von ein paar angefressenen Züchtern, die den Verband mit ihren Vorstellungen prägen – ein Zuchtverband orientiert sich nicht an der landwirtschaftlichen Realität, er hat sich entkoppelt vom bäuerlichen Alltag; die Züchter messen ihre Zuchtleistungen in einem internationalen Umfeld, zum Beispiel mit den Leistungen, die Hochleistungskühe in den USA erbringen, und sie fragen sich nicht, wie eine Kuh idealerweise gebaut sein sollte, die in hügeligem oder gar bergigem Gelände mit grasbasierter Fütterung ein gesundes und langes Leben führen kann.

Es ist dasselbe Wettrennen, wie man es auch sonst beobachten kann: Die Leute wollen immer größere und leistungsstärkere Autos, die Landwirte wollen immer größere, leistungsstärkere Traktoren. Ein Milchbauer ist unzufrieden, wenn seine Kühe weniger Milch geben als die Kühe des Nachbarn. Erst seit ungefähr zehn Jahren zeigt sich in den Zuchtverbänden marginal ein anderes Denken.

Ein enormes Problem sind Milchkühe, die an Lahmheiten leiden. Ist der Zusammenhang zwischen der Fütterung von Getreide und Klauenkrankheiten nicht schon lange bekannt?

Es gibt viele Ursachen für Klauenprobleme. Eine Kraftfuttergabe, wenn sie korrekt ausgeführt wird, führt per se nicht unbedingt zu Klauenproblemen. Aber es ist schon so, dass bei einer Kuh fast alles mit der Fütterung zu tun hat.

Das größte Thema im Zusammenhang mit einer kurzen Nutzungsdauer sind Fruchtbarkeitsprobleme. Eine Kuh, die extrem viel leistet, bringt nicht auch noch die Energie auf, um eine gute Fruchtbarkeit zu erreichen.

Das zweithäufigste Problem sind die Erkrankungen am Euter. Gibt eine Kuh enorm viel Milch, kann es sehr lange dauern, bis sie fertig gemolken ist. Das ist natürlich nicht wirtschaftlich. Also wurde in der Zucht auf ein hohes Minutengemelk geachtet, das ist die Menge Milch, die eine Kuh pro Minute liefern kann. Mehr Milch pro Minute kann eine Kuh aber nur abgeben, wenn sie große Zitzenöffnungen hat. Auch das lässt sich züchten. Allerdings sind bei vielen Kühen die Zitzenöffnungen derart groß, dass die Ringmuskulatur innerhalb der Zitze es nicht mehr schafft, den Zitzenkanal nach dem Melken wieder ganz zu schließen. Die Kuh wird also inkontinent, das führt zu Infektionen und Euterentzündungen.

Was die Klauengesundheit angeht, so ist ein Wiederkäuermagen schlicht nicht eingerichtet, um gut verdauliches Futter aufzunehmen. Dass Magenübersäuerungen Klauenprobleme fördert, ist seit Langem bekannt.

Haben Firmen wie Swissgenetics überhaupt genügend Stiere im Angebot, deren Genetik nicht auf hohe Milchleistung fokussiert?

Das sind erst wenige. Bei der Rasse Fleckvieh gibt es inzwischen solche Stiere im Angebot, aber vor allem bei den Bio-Stieren gibt es starke Bemühungen. Es geht ja nicht nur darum, die Milchleistung runterzubringen, wir brauchen auch Tiere, die gut ohne Kraftfutter auskommen. Das muss sich erst etablieren, noch ist der Markt für derartige Genetik enorm klein.

Ist es für einen Betrieb realistisch, innerhalb einiger Jahre seine Hochleistungskühe zu ersetzen durch Kühe, die weniger Milch liefern, aber deutlich länger leben?

Das ist auf jeden Fall möglich. Als Zeithorizont sehe ich fünf bis zehn Jahre. In dieser Zeit kann man eine Herde durch züchterische Entscheide oder durch Zukauf verändern und hat dann Tiere, die ihre Leistungen im Wesentlichen auf der Basis von Grundfutter erbringen können. Für Betriebe sollte das auch möglich sein, weil sich hohe Kraftfuttergaben überhaupt nicht rechnen. Im Schnitt ist davon auszugehen, dass eine hochleistende Kuh einen zusätzlichen Liter Milch produziert, wenn ich ihr ein zusätzliches Kilogramm Kraftfutter gebe. Ein Kilogramm Kraftfutter kostet aber in der Schweiz im Biolandbau ungefähr 1,20 Franken, also wesentlich mehr als das, was ein Landwirt für einen Liter Milch erhält.

Was können Konsumierende tun, um Bauernhöfe zu unterstützen, die ihren Milchkühen ein langes Leben ermöglichen wollen?

Grundsätzlich sollte man bereit sein, mehr fürs Produkt zu bezahlen. Kühe, denen kein Getreide verfüttert wird, geben schlicht deutlich weniger Milch, und Landwirte können weniger umsetzen.

Man sollte auch postulieren, dass einem die artgerechte Haltung wichtig ist. Und natürlich sollte man konsequent Bio-Produkte kaufen, auch wegen der Futterimporte. In der Schweizer Biolandwirtschaft ist es seit dem 1. Januar 2022 verboten, Wiederkäuern importiertes Getreide zu verfüttern; zudem dürfen nur noch fünf Prozent der Ration aus Kraftfutter bestehen. So werden Kühe artgerecht gefüttert, es wird der hohe Kraftfutterimport in die Schweiz gesenkt, und für die Fütterung von Kühen wird kein Ackerland mehr benötigt; es kann also vollumfänglich für die menschliche Ernährung genutzt werden. Damit wären wir wieder bei den eingangs erwähnten Ressourcen.

18

An einem klirrend kalten Vormittag erreiche ich die sanfte Anhöhe, auf der die letzten Häuser des Dorfes versammelt stehen, wo der Blick sich öffnet auf die weit sich hinziehenden Wälder und Weiden, sich öffnet auch auf den Bauernhof, auf dem ich seit ein paar Monaten aushelfe. Unter meinen Schuhen knirscht der Schnee, sonst ist nichts zu hören, alles zeigt sich mir in einer bestrickenden Ruhe.

Als ich durch die Allee der Bergahornbäume spaziere, denke ich an den breitschultrigen Mann, den ich, eine Zipfelmütze auf dem Kopf, vorhin im Dorfladen habe verschwinden sehen. Gewiss ein Landwirt.

Er wird sich ein Käsebrötchen und eine Cola kaufen, die Verkäuferin kennt ihn bereits, und sie fragt ihn: »Wie läuft es auf dem Hof?«

»Vieles ist im Umbruch«, beginnt er nicht ohne Stolz. »Seit ich den Hof von meinem Vater übernommen habe, gebe ich den Kühen nur noch Gras und Heu, wie es für Wiederkäuer gesund ist. Sie geben deutlich weniger Milch jetzt und scheinen zufrieden. Ich will, dass sie fit bleiben und lange leben, es handelt sich ja um ganz großartige Persönlichkeiten!«

Die Verkäuferin, ihre Hände über der Kassentastatur, mustert ihn verwundert.

»Und wie geht das finanziell?«

»Kein wirkliches Problem«, sagt der junge Landwirt. »Ich habe den großen Traktor verkauft, der säuft ohnehin zu viel Diesel.«

Die Verkäuferin ist verdutzt, es fällt ihr nichts zu sagen ein.

Auch der Landwirt zögert, unsicher, ob die Verkäuferin noch nichts davon weiß, wie gut sich mit Kühen über Existenzialismus nachdenken lässt. Schüchtern blickt er auf sein Käsebrötchen, auf seine Cola.

»Woher kommt eigentlich der Käse in diesem Brötchen?«, fragt er schließlich.

Unsicher, was die Frage überhaupt soll, erklärt die Verkäuferin, dass sie das doch nicht wissen könne.

Schließlich lässt der Landwirt Käsebrötchen und Cola liegen und verlässt den Laden mit einer Flasche Apfelsaft und einem Laib Brot.

Die Schafe, die am Ende der Allee und direkt vor dem Bauernhof stehen, holen mich zurück aus derartigen Fantasien. Diese eindrücklich behornten, sich würdevoll bewegenden Schafe frei herumspazieren zu sehen, bereitet mir ein jedes Mal gute Laune. Früh am Morgen öffnet ihnen Michaël die Weide, und sie könnten, wenn sie wollten, über alle Berge. Das würden sie, wäre nicht alles bedeckt mit Schnee, womöglich tun, immerhin scheint es ein paar neugierige Seelen unter ihnen zu geben. Normalerweise legen sie aber keine großen Strecken zurück; gewiss wollen sie sich nicht verspäten, wenn Michaël ihnen eine mit gutem Heu gefüllte Schubkarre auf die Weide stellt.

Erst jetzt fällt mir auf, dass Michaëls Auto nicht vor dem Haus steht. Ich betätige die mechanische Klingel, trete ein. Niemand befindet sich im Stall, niemand in der Küche. Im Herd brennt kein Feuer, auf dem Küchentisch liegt kein Zettel.

Mein Telefon zeigt zwei Anrufe in Abwesenheit; beunruhigt wähle ich Michaëls Nummer. Er erklärt, er sei etwas ungeschickt umgegangen mit dem Beil, sei im Spital. Der Daumen sei noch dran, aber es werde vielleicht etwas aufwendig, ihn zu reparieren.

Besorgt frage ich, wer denn heute Abend und in den nächsten Tagen das Melken übernehmen könnte; ich denke nicht, dass ich in den vergangenen Wochen bereits genügend Fingermuskulatur aufgebaut habe, um die ganze Herde zu melken.

Es werde sich schon jemand finden, beschwichtigt Michaël. Sein grundloser Optimismus bringt mich einmal mehr zum Lachen, gleichzeitig muss ich den Kopf schütteln. Wir besprechen die anstehenden Arbeiten, dann muss Michaël auflegen.

Typisch, denke ich, typisch für die Landwirtschaft: Es sind nicht die großen, gefährlichen Maschinen, derentwegen sich ein Unfall ereignet, die kleinen sind es und das Alltägliche. Mir scheint, Michaël sei auch deshalb so optimistisch, weil er, verstrickt in endlos viel Arbeit, keine Zeit hat, sich zu sorgen.

Dann mache ich mich ans Werk. Gebe allen Kühen und Kälbern eine weitere Portion Heu, reinige ihre Tränken und Liegeplätze, gehe kurz zu Lentille, um ihr den Hals zu massieren, bringe dann den Schafen frisches Heu, entfache ein Feuer und schleppe zwei Stunden lang fette Holzscheite von einem Stapel draußen unter dem großen Bergahorn zu einem Stapel drinnen in der Scheune.

Eine monotone, bald einen meditativen Charakter annehmende Arbeit ist es, die mich herumstudieren lässt an der Persönlichkeit von Nutztieren. Ich denke, es muss niemand Kierkegaard verstehen, um ein Gefühl dafür zu entwickeln, was eine Kuh ist. Auch sind dafür die neuesten kognitionsbiologischen Erkenntnisse nicht unbedingt erforderlich. Es reicht, sich auf der Weide neben eine Kuh zu setzen, neben eine schöne, in sich ruhende Kuh, die sich hingelegt und gerade mit dem Wiederkäuen begonnen hat; ja, ich denke, es reicht vollkommen, auch nur eine winzige Portion des inneren Friedens, den eine wiederkäuende Kuh ausstrahlt, in sich aufzunehmen, um intuitiv zu verstehen, dass jedes Tier es verdient hat, in seiner Würde respektiert zu werden.

Kurz nach dem Mittag kommt Michaël, den Daumen dick eingebunden, zurück vom Spital. Er wirkt geknickt, hat großen Hunger und möchte lieber nicht groß über seinen Daumen reden. Als ich ihn auf das Melken anspreche, erklärt er nur, dass abgesehen vom Daumen ja noch alles funktioniere.

Fragend blicke ich ihn an; ich kann mir gut vorstellen, wie ihm der Arzt gesagt hat, er müsse die Hand nun während zehn Tagen schonen. Ich möchte nicht sagen, Landwirtende verfügten über ein eingeschränktes Vokabular, und für Michaël kann das sicherlich ausgeschlossen werden – immerhin liest er gerade Hannah Arendt –, und doch gibt es Worte wie *Ferien* oder *Erholung,* Verben wie *sich schonen,* die in ihrem Wortschatz nicht zu finden sind und die sie deswegen, wenn jemand anderes sie benutzt, stets großherzig überhören.

Als er bemerkt, dass mich seine Aussage nicht besonders überzeugt, erwähnt er, er werde Suzel um Hilfe bitten. Die zierliche Suzel wohnt in der Dachwohnung, und weil ich ihr nur selten begegne, neige ich dazu, überhaupt zu vergessen, dass es sie gibt.

Ehe ich frühabends nach Hause gehe, frage ich Michaël nochmals, ob er meine Hilfe fürs Melken wirklich nicht nötig habe. Er verneint, und mit halbwegs schlechtem Gewissen gehe ich nach Hause.

Am folgenden Morgen wirkt Michaël bedrückt. Manchmal ist es einfach seine Art, vor dem Mittagessen nicht besonders in Laune zu sein für großartige Gespräche. Aber die Sache mit dem kaputten Daumen beschäftigt ihn vielleicht mehr, als er zugeben mag. Ich frage ihn danach, und mit einem lausbubenhaften Lächeln erzählt er, man könne auch melken, indem man die Zitze zwischen Zeige- und Mittelfinger klemme.

Dann verschwindet das Lächeln, und ich merke, es ist nicht der Daumen, der ihn bedrückt.

»Bloß Lentille mit ihren kurzen, dünnen Zitzen habe ich nicht melken können«, fährt Michaël schließlich fort. »Suzel hat das übernommen. Und sie hat festgestellt« – Michaël macht eine Pause und schaut mich an – »dass Lentille ein Loch in der einen Zitzenwand hat.«

Ich verstehe nicht.

»Es ist mir zwar auch aufgefallen, dass mir jedes Mal, wenn ich Lentille melke, etwas Milch über den unteren Handrücken und manchmal bis hin zum Unterarm läuft. Ich habe das aber zurückgeführt auf die kurzen Zitzen und mich nicht weiter gekümmert. Aber jetzt, da Suzel mit ihren zierlichen Händen Lentille gemolken hat, ist es ihr aufgefallen: Zwar gibt Lentille den allergrößten Teil ihrer Milch durch die Öffnungen ganz unten an der Zitze, aber an einer Zitze befindet sich ein kleines Loch, durch das Milch austritt und das natürlich keinen Schließmuskel hat. Ein kleines Loch hat sie in der Zitze, das immer offensteht.«

Betroffen setze ich mich zu Michaël an den Tisch.

»Mit der Tierärztin habe ich bereits gesprochen: Sie sagt, es handle sich erst einmal um nichts Dramatisches, jedenfalls nicht im Winter. Im Sommer, wenn es heiß wird und von Fliegen wimmelt, könnte es aber zu Infektionen kommen. Natürlich sei es möglich, die Sache operativ zu beheben; allerdings vererbe sich so etwas leicht.«

Sofort stelle ich mir vor, wie Lentille im kommenden Jahr eine glückliche Geburt erlebt, wie sie ihr erstes Kalb großziehen kann – bei dem wir dann, zwei Jahre später, auch ein Loch in der Zitzenwand entdecken.

»Echt beschissen«, sagt Michaël, »wir haben die Wahl zwischen zwei verabscheuungswürdigen Alternativen: Entweder wir respektieren Lentilles Recht auf ein langes Leben und hoffen, sie werde jedes Jahr einen Stier zur Welt bringen, den wir aufziehen und fürs Fleisch nutzen, mit dem Risiko, dass sie nie einen Stier zur Welt bringt und wir jedes Jahr ein Kalb von ihr haben, das wir aufgrund erhöhter Infektionsgefahr einer Operation unterziehen lassen dürfen – oder wir behalten Lentille, bis sie jenes Kalb geboren hat, das sie jetzt trägt, und bringen sie danach möglichst rasch ins Schlachthaus.«

Ich weiß nichts zu antworten. Ich liebe die Tierhaltung, und ich verfluche sie. Ich atme tief durch und mache mich an die Arbeit.

Den Vormittag verbringe ich in der Käserei, stelle geduldig zwei Laibe Halbhartkäse her, aber nach dem Mittagessen will ich sofort raus zu den Kühen, raus zu Lentille.

Ich stehe noch im Stall, als ich, aus der oben offenen Hälfte der Stalltür blickend, lachen muss: Mitten auf dem Miststock, ganz oben, als posiere sie für ein aufwendiges Fotoshooting, steht Amina. Keine Ahnung, wie sie auf diese Idee gekommen ist, keine Ahnung, was sie dort oben sucht, aber ich sehe im Schnee ihre Spuren: Sie ist in der Tat auf dem schmalen Stück Holz, das dazu dient, die gefüllte Schubkarre auf den Miststock zu fahren, hochspaziert auf den zwei Meter hohen Mistberg.

Am liebsten würde ich gleich ein auf Tierpersönlichkeitsstudien spezialisiertes Team anrufen und ihnen erzählen, ich hätte den perfekten und perfekt praxisnahen Test entwickelt, um den Mut von Milchkühen zu messen: Einfach die Abzäunung um den Miststock offen lassen, alle Kühe in den Laufhof schicken und abwarten. Jedenfalls werde ich Michaël bitten zu raten, welche Kuh auf dem Miststock stehe. Er wird nicht falsch tippen, es ist sonnenklar: Allein Amina ist zu derartigen Albernheiten fähig.

Jetzt öffne ich die Stalltür und betrete den Laufhof; sogleich habe ich schräg vor mir eine Kuh stehen: Eine mich neugierig und munter anblickende Kuh, die einen schönen Haarwirbel tief auf ihrer Stirn trägt; er liegt deutlich nicht in deren Mitte, liegt nah an ihrem rechten Auge, was etwas Wildes, Ungestümes zum Ausdruck bringt.

Lentille ist in diesen paar Monaten deutlich zutraulicher geworden, selbstsicherer auch; sie räumt nicht immer gleich das Feld, wenn sich eine andere Kuh nähert, und jedes Mal, wenn ich den Laufhof betrete, spaziert sie nun zügig auf mich zu, um sich eine ausführliche Halsmassage abzuholen. Bisweilen legt sie mir dabei – das tun die anderen nicht – ihren endlos schweren Kopf auf die Schulter. Ihren Atem habe ich dann direkt im Ohr, ihr Auge direkt vor meinem Auge, ihren Hornansatz direkt vor meiner Stirn. Ich mag, wie viel Nähe und Vertrauen in diesen Momenten entsteht, mag, wie sie es zulässt, dass sich ihre Pupillen nach unten wegdrehen, sie also ihr Blickfeld fast vollständig aufgibt und sich ganz auf die Berührungen konzentriert. In solchen Augenblicken bin ich überzeugt: Sie hat ihre Trauer abgelegt, hat überwunden, was ihr widerfahren ist.

Wie lässt sich benennen, was mich mit Lentille verbindet? Von einer Freundschaft zu sprechen, erscheint mir sowohl kategorisch falsch als auch vollkommen richtig. Ja, ich finde es schwierig, Lentille nicht zu mögen; sie ist eine bewegungsfreudige, eine anmutige und erstaunlich zutrauliche Persönlichkeit – ich mag nicht daran denken und hoffe zugleich, es wird noch viele Jahre dauern, bis ich sie, eines Tages, mit meinen eigenen Händen am Strick, ganz ruhig und ganz gegen ihren Willen ins Schlachthaus begleiten werde.

Verwendete & weiterführende Literatur

Alina Bauer u. a., »Tierschutzrelevante Zuchtprobleme beim Milchvieh – Interaktion zwischen dem Zuchtziel ›Milchleistung‹ und dem vermehrten Auftreten von Produktionskrankheiten«, in: *Berliner und Münchener Tierärztliche Wochenschrift* 134 (2021), S. 1–9.

Europäisches Parlament, Generaldirektion Interne Politikbereiche der Union, Donald M. Broom, »Das Wohlergehen von Tieren in der Europäischen Union. Studie für das Europäische Parlament«, online unter {https://data.europa.eu/doi/10.2861/73618}, Aufruf hier und im Weiteren, sofern nicht anders angegeben, 7. 4. 2022.

Jens Bülte, »Zur faktischen Straflosigkeit institutionalisierter Agrarkriminalität«, in: *Goltdammer's Archiv für Strafrecht*, Nr. 165 (2018), S. 35–36.

Kris A. Descovich u. a., »Facial Expression: An Under-Utilized Tool for the Assessment of Welfare in Mammals«, in: *ALTEX – Alternatives to animal experimentation*, 34/3 (2017), S. 409–429.

Elke Diehl, Jens Tuider (Hg.), *Haben Tiere Rechte? Aspekte und Dimensionen der Mensch-Tier-Beziehung*, Bonn 2019.

Sue Donaldson, Will Kymlicka, *Zoopolis. Eine politische Theorie der Tierrechte*, Berlin 2013.

Eidgenössische Ethikkommission für die Biotechnologie im Ausserhumanbereich (EKAH) und Eidgenössische Kommission für Tierversuche (EKTV), *Die Würde des Tieres,* 2008, online unter {https://www.ekah.admin.ch/inhalte/ekah-dateien/dokumentation/publikationen/EKAH_Wuerde_des_Tieres_10.08_d_EV1.pdf}.

Beverley Fehr, James A. Russell, »Concept of emotion viewed from a prototype perspective«, in: *Journal of Experimental Psychology: General,* 113/3 (1984), S. 464–486. DOI: 10.1037/0096-3445.113.3.464

Arianna Ferrari, Klaus Petrus (Hg.), *Lexikon der Mensch-Tier-Beziehungen,* Bielefeld 2015.

Matthias Gauly, »Temperamentbestimmungen bei Rindern unter praktischen Bedingungen«, in: *Nutztierhaltung im Fokus,* Herbst 2018 , S. 18–22.

Sara Hintze u. a., »Are Eyes a Mirror of the Soul: What Eye Wrinkles Reveal about a Horse's Emotional State«, in: PLoS ONE 11/10 (2016), DOI: 10.1371/journal.pone.0164017.

Ludwig Huber, *Das rationale Tier. Eine kognitionspsychologische Spurensuche,* Berlin 2021.

Cornelie Jäger, *Das Tier und der Nutzen,* Stuttgart 2018, S. 179.

Linda J. Keeling u. a., »Towards a Positive Welfare Protocol for Cattle: A Critical Review of Indicators and Suggestion of How We Might Proceed«, in: *Frontiers in Animal Science* 2 (2021), DOI: 10.3389/fanim.2021.753080.

Michel de Montaigne, *Essais*, Berlin 2016.

Eliabeth S. Paul u. a., »Towards a comparative science of emotion: Affect and consciousness in humans and animals«, in: *Neuroscience & Behavioral Reviews* 108 (2020), S. 749–770.

Sophie Helene Richter, Sara Hintze, »From the individual to the population – and back again? Emphasising the role of the individual in animal welfare science«, in: *Applied Animal Behaviour Science* 212 (2019), S. 1–8.

Claudia Schneider, *Laufställe für horntragende Milchkühe. Empfehlung für die Dimensionierung und Gestaltung*, Frick 2011, online unter {https://www.bioland.de/fileadmin/user_upload/Erzeuger/Fachinfos/Merkblaetter/Laufstaelle.pdf}.

Anet Spengler Neff u. a., *Die Bedeutung der Hörner für die Kuh*, Frick 2016, online unter {https://www.fibl.org/de/shop/1662-kuhhorn}.

Markus Wild, *Tierethik zur Einführung*, Hamburg 2016.

Markus Wild, *Tierphilosophie zur Einführung*, Hamburg 2019.

Markus Wild, Dominik Perler (Hg.), *Der Geist der Tiere. Philosophische Texte zu einer aktuellen Diskussion*, Frankfurt a. M. 2005.

Wissenschaftlicher Beirat für Agrarpolitik beim Bundesministerium für Ernährung und Landwirtschaft, *Wege zu einer gesellschaftlich akzeptierten Nutztierhaltung*, 2015, online unter {https://www.bmel.de/SharedDocs/Downloads/DE/_Ministerium/Beiraete/agrarpolitik/GutachtenNutztierhaltung.html}.

Grosse Reportagen:
Das unabhängige Magazin
für erzählte Gegenwart.
Jetzt gratis probelesen!

www.reportagen.com/kennenlernen

URS MANNHART, 1975 geboren, lebt als Schriftsteller, Reporter und Biolandwirt in La Chaux-de-Fonds. Zuletzt erschien *Gschwind oder Das mutmaßlich zweckfreie Zirpen der Grillen* (Secession).

Der vorliegende Band der Reihe punctum erscheint in Kooperation mit dem Magazin Reportagen | *reportagen.com*

Zweite Auflage Berlin 2022

© 2022
MSB Matthes & Seitz Berlin Verlagsgesellschaft mbH
Göhrener Straße 7, 10437 Berlin
info@matthes-seitz-berlin.de
Alle Rechte vorbehalten.

FOTOGRAFIEN: S. 98 mit freundlicher Genehmigung von Monika Soland, S. 99 und Umschlag (links) mit freundlicher Genehmigung von Gina Folly, S. 97 und S. 100 bis 112 sowie Umschlag (rechts) von Urs Mannhart.
UMSCHLAG UND SATZ: Pauline Altmann, Palingen
DRUCK UND BINDUNG: Beltz Grafische Betriebe, Bad Langensalza
ISBN: 978-3-7518-0809-5

www.matthes-seitz-berlin.de

Reihe punctum bei Matthes & Seitz Berlin

Karin Wenger
Jacob der Gefangene.
Eine Reise durch das indische Justizsystem

Lange Zeit ist Jacob der Hoffnungsträger seiner Familie. In Kerala geboren, in Dubai aufgewachsen, Studium und Karriere in den USA. Er liebt das Gefühl des Erfolgs, rauschende Partys und das Hochgefühl von Ecstasy. Dann kommt der Fall: Jacob und ein Freund werden von der Polizei wegen Drogenbesitzes verhaftet, sie kommen auf Kaution frei und Jacob flieht nach Dubai, wo er sich eine neue Existenz aufbaut. Als er 2008 nach Mumbai fliegt, um seine kranke Mutter zu besuchen, wird er am Flughafen verhaftet und ins Tihar-Gefängnis, gebracht. Dort beginnt seine endlose Reise durch das korrupte und marode indische Justizsystem, und dort trifft Karin Wenger 2011 während einer Recherche auf ihn. Von da an begleitet sie den Gefangenen über mehr als zehn Jahre. Die Notizen, Briefwechsel und Interviews, die aus diesen Begegnungen entstehen, sind ein eindrückliches Zeugnis aus dem Gefängnisalltag und erzählen von einem Mann, der tief fiel und dann wieder aufstand und sich neu erfand.

156 Seiten, Klappenbroschur mit zahlreichen farbigen Abbildungen, ISBN 978-3-7518-0800-2

Reihe punctum bei Matthes & Seitz Berlin

Emmanuel Carrère
Julies Leben

An einem kalten Februarmorgen 1993 sieht die Fotojournalistin Darcy Padilla eine Achtzehnjährige mit einem Neugeborenen im Arm in der Lobby des Ambassador-Hotels in San Francisco stehen – barfuß. Sie bittet sie, ein Foto von ihr machen zu dürfen. Sie wird Julie die nächsten achtzehn Jahre bis zu deren Aids-Tod im Jahr 2010 als Chronistin ihres Lebens und Freundin fotografisch begleiten. Als Emmanuel Carrère die Fotos zum ersten Mal sieht, beschließt er, sich auf die Spuren der beiden Frauen zu begeben, und reist in die USA. Als Meister der dokumentarischen Erzählung beschreibt er Julies Lebensweg: Abhängigkeiten, familiäre Katastrophen, Beziehungen, Geburten und Abschiede, viele tragische und wenige heitere Momente in einem Milieu, aus dem es kein Entrinnen zu geben scheint. Padillas Bilder und Carrères Text werfen die Frage nach der sozialen Bedingtheit eines Schicksals auf, nach dem Gebot der Anteilnahme angesichts von Lebenswegen, die aussichtslos erscheinen.

59 Seiten, Klappenbroschur mit zahlreichen farbigen Abbildungen, ISBN 978-3-95757-885-3

Weitere ausgewählte Bücher in der Reihe punctum

001
Najem Wali
Die Balkanroute. Fluch und Segen der Jahrtausende

175 Seiten, Klappenbroschur, ISBN 978-3-95757-451-0

002
Emmanuel Carrère
Brief an eine Zoowärterin aus Calais

71 Seiten, Klappenbroschur, ISBN 978-3-95757-448-0

003
Youssef Rakha
Arab Porn. Pornografie und Gesellschaft

76 Seiten, Klappenbroschur, ISBN 978-3-95757-382-7

005
Thomas Palzer
Vergleichende Anatomie. Eine Geschichte der Liebe

100 Seiten, Klappenbroschur, ISBN 978-3-95757-557-9

Weitere ausgewählte Bücher in der Reihe punctum

006
Nora Amin
Weiblichkeit im Aufbruch
124 Seiten, Klappenbroschur, ISBN 978-3-95757-571-5

020
Nora Amin
Tanz der Verfolgten
80 Seiten, Klappenbroschur, ISBN 978-3-7518-0321-2

010
Joachim Bessing, Christian Werner
Bonn. Atlantis der BRD
100 Seiten, Klappenbroschur, ISBN 978-3-95757-715-3

018
Joachim Bessing, Christian Werner
Hamburg. Sex City
188 Seiten, Klappenbroschur, ISBN 978-3-95757-856-3